JN098499

Introduction to Law

# 体験する法学

関根豪政 編著
北村　貴

Introduction to Law

ミネルヴァ書房

## 1 本書の狙い

　本書は，法学分野において，学生が能動的に参加できる講義のためのテキストを意図して作成した。講義で知識を得るのではなく，予習した知識を基礎に，学生間で議論を行うことにより，自らの見解を的確に表現すると同時に，他の学生の意見もまた学ぶことを目指す。これらの一連の議論を通じて，適切な法的アウトプット能力を備えた人材の育成を狙う。もちろん，知識の習得を軽視するわけではないため，より詳細な解説を設けることで，学生間の議論を踏まえてより深く勉強したいという要望にも答えられるようにしている。

## 2 どのような人に読んでもらいたいか

　本書は，読者を法学部の学生に限定せず，他学部に所属していながらも法学を学ぼうとする学生にも使いやすい「入門書」という位置づけとした。よって，討論用資料として収録としている仮想事例は，学生の日常的な生活や就職後の仕事と法律との関わりが題材となるように心掛けている。本書を手に取る学生諸君にも，他人事ではなく自らの問題である点を強く意識して読んでもらうことを目指しており，そうなると本書がより活きてくることになるであろう。

## 3 各章の構成

　本書では，各章を，①予習用資料，②討論用資料，③討論用クエスチョン，④解説・より深くの4部構成としている。基本的には，90分1コマの講義が1章分に相当することを念頭に置いている。他方で，各大学の講義形態や時間，受講生の数に応じてクエスチョンの数を増減させたり，討論の規模を少人数から大人数にしたりすることで柔軟に対応できる点も本書の特徴である。

【予習用資料】

　学生参加型の講義においては，学生に十分な知識がないと，発言が単なる思いつきに終始したり，議論がかみ合わなかったりするという事態が生ずることが危惧される。そこで，本書では，講義の前に予習すべきポイントを提示することを心掛けた。ただし，１日に複数の講義を受ける学生にとって過度の負担とならないように，予習の分量は数ページ（通学中の電車内や，講義前の空き時間に読むことが可能な分量）とすることを意識している。


【討論用資料】

　本書のタイトル『体験する法学』が示す通り，学生目線で考えることを意識し，極力，実際に学生が直面しうる状況を想定して仮想事例を作成している。加えて，その視点も，在学中に生じ得る事象から，卒業後に社会人になった際に発生する出来事にまで幅をもたせることを意識している。現実性を高めるために，実際の判例を用いることも重要であるとは考えるが，他方で，学生の「体験」を実現するために，あえて仮想的な状況も混在させる，いわば現実と仮想がミックスした事例を用意した。このような仮想事例を通じて，法的な「体験」を行うことが本書の大きな特徴である。


【討論用クエスチョン】

　ここでは，討論用資料の内容を受けて５問程度の質問を設けている。質問の設定に際しては，討論用資料の内容を確認する質問から，状況を変えて考え直す質問，反対の立場に立って考えるような質問，過去の事例と比べて判断する質問，問題や事象の本質を問う質問など，多様な問いを投げかけるよう心掛けている。加えて，個人で考える設問から，意見の相違をグループ内やグループ間で対立させるような問題まで含めることも意識している。この質問をベースに学生が主体的に議論を展開することこそが，本書が目指す理想的な講義である。

【解説・より深く】

　最後に，討論に役立つ情報や，さらに深く勉強するための情報を掲載している。この節は法分野や執筆者によって位置づけが異なるため，討論用資料に役立つ追加情報を掲載する場合から，類似ケースを紹介するのに留まる場合もある。なお，末尾には5冊程度の参考文献を掲載し，さらなる学習のための道しるべを示した。学生間の議論が，さらなる知的探求心を生み出す契機となることが期待される。

　それでは，ぜひ，このページをめくって，様々な法的「体験」をしていただきたい。

編　　者

体験する法学

目　次

はじめに

# 第1章

# 法を守るということ

## 【法学概論】

　この章では，「法学概論」に関するテーマの事例として，「法とは何か，法を守る意味」について検討する。現代の日本で生活する私たちは，法を守ることは当たり前と教えられて育ち，法を守る意味やどのような法が必要かについて考えたことのある人は少ないのではないだろうか。日常生活の中で，私たちは様々な法を守りながら生きており，時には理不尽に思える法やルールもある。私たちが法を守る意味や理由について考えてみよう。

キーワード：法学の対象，法と道徳，法の強要性，日本の現行法の
　　　　　　全体像

# 1 予習用資料

### 法学は正解がたくさんある学問？

　これから皆さんと学んでいく法学は，正解がたくさんある学問といえる。例えば，公園で転んで泣いている子どももいるとしよう。そこであなたはどうすべきだろうか。手を差し伸べて傷があれば手当てすべきだろうか。それとも，あえて自分で立ち上がるのを見守るべきだろうか。この二つの解答には，前者に賛成する人が多いのではないかと思われるが，後者に賛成した人が，その理由として「周りの大人がやさしくすると困ったら誰かが助けてくれる自立心のない子どもに育ってしまうかもしれないので，大きなケガでなければ見守るべきだ」という教育観を示した場合，そういう考え方もあり得ると思わないだろうか。

　このように，我々がこれから学ぶ法学は，考え方によっては全く違う結論にたどり着き，そのどちらの結論も正解であるという学問である。それは，法が善いと考えられること（正義）を基準に設定されるからである。

　一方で，数学や理学といった学問では，基本的には答えは一つである。これらの自然現象を扱う学問をまとめて自然科学という。一方で，法学・政治学・経済学など人間社会を扱う学問を社会科学という。

> 自然科学…自然の中に現に存在している現象を支配する法則の探究
> 　（数学・理学など）
> 　　⇒答えは基本的に一つ
> 社会科学…人が自ら定めた法則を探究する（法学・政治学・経済学
> 　など）
> 　　⇒答えは考え方によって複数個存在

### 道徳と法の境界線は？

　公園で転んで泣いている子どもを助けるか，自分で立ち上がるのを見守るか，

どちらを選んでもどちらか一方の選択を絶対にダメだと非難する人は少ないのではないだろうか。しかし，自動車の運転者の不注意で歩行者を跳ね飛ばしてしまったとき，その傷ついた歩行者を助けない（見守る）という選択は許されないように思われる。それは，前者は人によって考え方が異なり対応がバラバラでも社会生活に大きな影響はないが，後者は救護を強制しなければ負傷者の生存に関わる問題になってしまうからだろう。

　このように，我々は，ある程度善いとされることを共有した社会に暮らしているが，「〜すべき」と考えられるものの中で，少なくとも生存に関わる事項については「〜しなければならない」と決めて必ず守ってもらう必要がある。このため，原始的には道徳の中で必ず守られないと自己の生存が危なくなる事項については，法にして全員に強制的に守らせることが必要になる。

　そして，社会が発展すると，道徳とは関係ないけれども，決めておくと社会生活が円滑になったり合理的になったりする決まりも必要となる。例えば，日本では自動車は左側通行という決まりだが，左側を通行しないと不道徳という訳ではない（世界的には米国など右側通行の国の方が多数である）。この決まりは，少なくとも日本国内で皆が左側通行を守ることで交通が円滑になるため存在している。近代的な社会では道徳とは関係のない法も存在する（図1‐1参照）。

**法が持つ性質とは？**

　上記のように，法は必ず皆に守ってもらう必要があるが，各人の自主性に任せるだけでは，中には守らない人も出てくるため絵に描いた餅になってしまう。そこで，法はその性質として決めたことを守らせる強制力を持つことが不可欠な要素となる（法の強要性）。

　法的強制の方法は，大きく分けて消極的強制と積極的強制の二つに分かれる。消極的強制は，不利益を与えることで消極的に法を守らせる方法である（刑罰法規の他，行政執行，民事執行などがある）。積極的強制は利益を与えることで，積極的に法規範を守らせようとする方法である（免許，許可，賞・栄典，補助金などがある）。

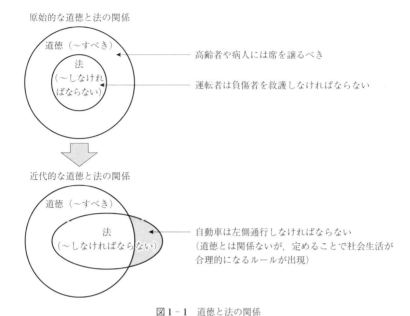

図1‐1　道徳と法の関係

出典：筆者作成

　ここまで勉強すると，一応は法の必要性や特徴について理解できたかもしれないが，改めて事例を題材に考えを深めてみよう。

## 2　討論用資料

### なぜ法を守らなければならないのか？

　大学生の「あなた」は法学の講義を履修してみようかと考えています。大学を卒業して会社で働いたり，家を買ったり，結婚したり，親が死んだりといろいろとこれから生きていく上で，専門的なことはプロに任せるとしても，法律の基本的な知識は知っておいた方がよさそうだと思いました。そんな話を友達に話したところ，次のようなことを言われました。「まあ，詳しく知っておいた方がよさそうだけど，生活していくのにそんなに困ることもないんじゃない？　人を殺しちゃいけないとか，盗みをしてはいけないとか，物を買ったと

きにお金を払うとか，当たり前だよね？」

　あなたは，その時は，まあそうかもと思って話を終えましたが，その日の夜にお風呂に入ってぼんやり考えなおしている時にこんなことを思いました。

　「確かに小さいころから親や学校で，法は守るもの，守らないことは悪いと教わっている。でも，よく見ていたテレビ番組では，力の強い同級生Gが『俺のものは俺のもの，お前のものは俺のもの，いいもの持ってるな！』といって，力の弱い同級生から物を強奪している。強奪は悪いことだと思うけど，Gの力が本当に強ければ（母ちゃんにも先生にも負けない力を持っていたら）物を返す必要もないし，捕まることもないような……そうするとGは法を守る必要なんかないんじゃないか（物をいつも強奪される友達は悲惨だが）……そもそも，動物の世界は弱肉強食だし，なぜ法は必要なんだろうか？」

　「仮に法が必要だとしても，ときどき理不尽なものもあるな。例えば，赤信号を守らないといけないとするのは，どうなんだろう？　車が全然いなくて危険でもないのに，必ず止まらないといけないとするのはなぜなんだろうか……」

## 3　討論用クエスチョン

(1)　力の強いGは，法を守らなければならないのでしょうか？

(2)　力の強いGが法違反をした時に，それを守らせることはできるでしょうか？

(3)　その法の設定に賛成していないGが違反をした時に非難できるでしょうか？

(4)　知っている法律やルールを10個挙げてみよう。その上で①生存に不可欠，②みんなが守ると生活が便利になる，③その人の将来のため，④どれに

も当てはまらないものの四つに分類してみよう。

(5) 理不尽な法律やルールは守らなければならないのでしょうか？

# 4　解説・より深く

## 社会契約説

　社会の構成員全員が法を守らなければならない理由として，現代的な基礎となっている考え方で有力なものが社会契約説である。社会契約説は提唱者（ホッブズ，ロック，ルソー等）によって違いがあるが，ホッブズの主張が分かりやすい。ホッブズは，人々は生存に関わる事項について守らなければならない共通認識を持っているはずだが，強制力を持った法がない社会では，誰かが自分の生命や財産を奪いに来るかもしれず不安であるため，強制的に法を守らせる国家が必要となり，各人は契約によりそのための権利を主権者に譲渡し国家は絶対的権力の担い手となると考えた。さらにホッブズの思想を受け継ぎ発展させたロックは，法のない社会でも平和な状態であるとし，各人は一定の権利を政府に信託していると考えた。

　このような考え方は，日本国憲法においても取り入れられており，その前文で「国政は国民の厳粛な信託によるものであって，その権威は国民に由来」することを明らかにしている。

## そのルールは何を守ろうとしているか？

　原始的な世界においては，まずは自己の生存や財産（食料・家）の確保を確実にすることが求められる。しかし，社会が発展し法に期待される範囲が拡大すると，自己の安全だけでなく，他人の健全な成長や安全のために良かれと思って設定される法やルールが登場する（パターナリズム）。例えば，20歳未満の者の飲酒・喫煙の禁止は，その健康被害について理解した上で使用しているのであれば，他人に迷惑をかけることがない限り，禁止する理由はないように思える。しかし，判断能力も成長途上である青少年の健康を考えると禁止するこ

とにも一定の合理性があることは理解できるのではないだろうか。みなさんが，討論用クエスチョンで挙げた理不尽な法やルールは何を守ろうとしたものだったか改めて考えてみて欲しい。

### 日本の現行法の全体像と仕組み

　ここからは，次章以下で学ぶ日本の現行法の全体像や仕組みについて概説する。

#### ①　六法

　六法とは，条文をまとめた法令集（書籍）を意味するが，本来的には，憲法・民法・刑法・商法・民事訴訟法・刑事訴訟法の六つをまとめたものを指す。本書では，憲法は第2章と第3章，民法は第4章と第5章，刑法は第6章と第7章，商法は第8章と第9章でそれぞれ取り扱っている。日本の法令は約8,000（その中で法律は約1,900）あるとされるが，その中でもこれらの法令を一つの大きな木に例えると，幹や大きな枝に相当する部分である（図1－2参照）。

図1-2　六法のイメージ
出典：筆者作成

　また，これらの法律は基本的に原則ルールを示しており，特別な取り扱いが必要な場合には，原則ルールを修正する法律が優先的に適用されるという仕組みになっている。例えば，取引に関する法律は民法に原則ルールが定められているが，商品知識に詳しくない消費者や，取引のプロである商人など様々な取引相手が存在する。そこで，民法の原則ルールを修正して，消費者に関しては消費者契約法を優先的に適用して消費者の利益の擁護を図り，商人間の取引については商法を優先的に適用して厳格なルールの下で取引の円滑を図っている。

このような原則を示した法律を一般法と呼び，その原則を修正する法律を特別法と呼ぶ。

### ②　法の上下関係（含む国際法）

　上述したように，日本の法令を一つの大きな木だと考えると，幹や太い枝に相当する法令と小さな枝葉に相当する法令との関係に矛盾があってはならない。[(2)]このため，法には上下関係が存在し，下位法は上位法と矛盾する内容を定めることはできない（定めたとしても無効）（図1‐3参照）。

　憲法は最高法規であり（憲法第97条），法律の上位法に位置づけられる。条約は他国や国際機関との間の合意で，国際法により規律される。条約も憲法に優位するものではないとされている。命令は国の行政機関が制定する法形式の総称で，内閣が制定する政令，内閣府が制定する内閣府令，各省（例：総務省）が制定する省令，庁（例：国税庁）や委員会（例：公正取引委員会）が制定する規則などがある。命令は，上位法である法律の規定を執行するための規定（執行命令）や法律の委任による規定（委任命令）のみ制定できる（憲法第73条第6項）。自治法は，地方公共団体が制定する法形式の総称で，条例，規則がある。自治法は法令に反することができず（憲法第94条，地方自治法第14条，第15条），条例は地方公共団体の議会が，規則はその長が制定する。

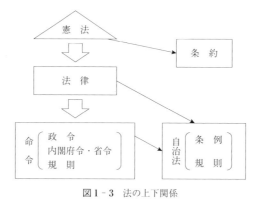

図1‐3　法の上下関係

出典：筆者作成

8

### ③ 条文の読み方

日本の法律は文字によって書き表される成文法主義を採用しているため，法律の根拠は原則として条文による。

そして，条文は一つだけの文章で構成されるものもあれば，複数の文章で構成されるものもある。例えば，民法第731条を見てみよう。民法第731条は婚姻年齢に関する規定である。[3] ここでは文章が一つだけなので，民法第731条と言えばよい。

> **民法第731条**
> 　男は，十八歳に，女は，十六歳にならなければ，婚姻をすることができない。

しかし，例えば，民法第733条はどうだろうか。

> **民法第733条**
> 　第1項：女は，前婚の解消又は取消しの日から起算して百日を経過した後でなければ，再婚をすることができない。
> 　第2項：前項の規定は，次に掲げる場合には，適用しない。
> 　　一　女が前婚の解消又は取消しの時に懐胎していなかった場合
> 　　二　女が前婚の解消又は取消しの後に出産した場合

このように二つの条文がある場合，この階層を「項」と呼ぶ。六法などの書籍では，①②という数字が入っている。また，政府の法令検索システム「e-Gov」では，2という数字のみが入っている。さらに，項が下の階層に分割される場合もある。この階層を「号」と呼ぶ。号は，条文上では漢数字で表記される。つまり，民法第733条第2項2号と言われれば，「女が前婚の解消又は取消しの後に出産した場合」という文章を指していることになる。

④　民事裁判と刑事裁判

　最後に，民事裁判と刑事裁判の違いに触れておきたい。例えば，あなたが法学入門で単位認定されなかったことを恨みに思い，担当教員の自動車のドアを段って凹ませたとする。あなたは場合によっては裁判を受けることになるが，①民法第709条により壊れた自動車のドアを修理するための賠償に関する裁判と②刑法第261条の器物損壊罪に関する裁判は別々に行われる。①は民事裁判であり，原告は担当教員で修理費を求める。②は刑事裁判であり，公訴を提起するのは国の代理人である検察官で罰（ここでは 3 年以下の懲役又は30万円以下の罰金若しくは科料）を求める。

## 学習用文献

### ＜書籍＞
- 倉沢康一郎『プレップ法と法学』（弘文堂，1986年）
- 丹羽重博編『やさしい法学』第 3 版（法学書院，2006年）
- 高橋雅夫編『法学』第 2 版（弘文堂，2017年）
- 大谷實『エッセンシャル法学』第 7 版（成文堂，2019年）

### ＜法律用語辞典書籍＞　一般的な辞書より詳しく説明されている。
- 法令用語研究会編『法律用語辞典』第 4 版（有斐閣，2012年）
- 高橋和之他編『法律学小辞典』第 5 版（有斐閣，2016年）

## 【注】
(1)　実際に道路交通法第72条第 1 項では「交通事故があつたときは，当該交通事故に係る車両等の運転者その他の乗務員は，直ちに車両等の運転を停止して，負傷者を救護し，道路における危険を防止する等必要な措置を講じなければならない」とされており，第117条では，違反者は「 5 年以下の懲役又は50万円以下の罰金に処する」とされている。
(2)　例えば，次章で取り扱う憲法第21条第 1 項では「集会，結社及び言論，出版その

他一切の表現の自由は，これを保障する」と規定されているが，別の法律に「現在の政治体制を批判する主張をする者は逮捕する」というような憲法と矛盾する内容の法律が制定された場合，この法律は上位法に反するため効力を持たない。

(3)　2018年の改正により2022年4月1日から「婚姻は，十八歳にならなければ，することができない。」と改正されることが決まっている。

第 2 章

# 人権と SNS

## 【憲　法】

　この章では，憲法に関するテーマの事例として，「人権と SNS」
の問題について検討する。SNS は，現代の日常生活の中に深く浸
透している。SNS により，我々はこれまで以上に様々なことを
「表現」できるようになった。憲法と SNS。一見，遠く離れた二
つの事柄のように思えるかもしれないが，SNS への投稿は，実際
には多くの憲法上の問題を多く含んでいる。どのような問題であろ
うか。大学生であるあなたが主人公となる事例に基づいて，考えて
みよう。

キーワード：表現の自由，プライバシー権，肖像権，公共の福祉

## 1 予習用資料

　日本国憲法の三大原理の一つに，「基本的人権の尊重」がある。基本的人権とは，「人間なら誰もが，生まれながらにして持つ，侵すことのできない権利」である。日本国憲法は，第3章「国民の権利及び義務」に人権規定を置いている。憲法の最終的な目的は「個人の尊重」である。個人の尊重を実現するためには，基本的人権の尊重が不可欠である。この点，基本的人権の尊重については，数多くの論点が存在する。本章は，その中でも，三つの論点に着目する。

### 表現の自由

　表現の自由とは精神的自由権の一つであり，憲法第21条で保障されている。

> **日本国憲法第21条**
> 　第1項：集会，結社及び言論，出版その他一切の表現の自由は，これを保障する。

　表現の自由は，現代社会において必要不可欠な権利である。何かを表現するという行為は，自らの人格発展において非常に重要な役割を果たすものである。また，言論を中心とした自らの主張の表現は，民主主義社会において不可欠な要素である。したがって，表現の自由は，人権の中でも特に重要な地位にある。憲法第21条の規定に「その他一切の表現」とあるように，表現の自由はあらゆる形態の表現方法を保障している。口頭での言論や文字の形での出版だけでなく，音楽，映画，演劇，写真なども，表現の自由の対象に含まれる。近年では，SNSの発達によりインターネット上における表現の機会が格段に増えてきている。こうしたインターネット上における表現も，表現の自由により保障される。

### 新しい人権

　日本国憲法には，表現の自由以外にも数多くの人権が規定されている。明文で憲法に規定されている人権が，国民に保障されていることは言うまでもない。それでは，憲法に明文で規定されていない人権は，保障されないのであろうか？　この点に関して，一般的に，「人格的生存に不可欠な利益」を内容とする場合には，憲法に明文で規定されていなくとも保障されると理解されている。その際に憲法上の根拠として挙げられる規定が，憲法第13条である。

> **日本国憲法第13条**
> 　すべて国民は，個人として尊重される。生命，自由及び幸福追求に対する国民の権利については，公共の福祉に反しない限り，立法その他の国政の上で，最大の尊重を必要とする。

　憲法学では，この条文中にある「幸福追求」という文言に注目する。つまり，人格的生存に不可欠な内容の実現を求めることは「幸福追求」であると理解することで，憲法上に明文で規定されていなくても憲法第13条を根拠に保障されると考えているのである。その意味で，憲法第13条は「幸福追求権」や「包括的基本権」に関する規定として位置づけられている。学説は，幸福追求権から様々な具体的権利を導き出しており，そうした人権は，「新しい人権」と呼ばれている。それらの中でも，最高裁の判例で明確に認められているプライバシー権や肖像権は特に重要なものとして位置づけられよう。

### 人権の衝突

　前述したように，個人の尊重を実現するために人権が保障されており，人権は「侵すことのできない権利」である（人権の不可侵性）。しかし，人権の不可侵性は，必ずしも人権が無制限であることを意味しない。社会生活においては，

自分だけでなく，他者も尊重されるべき個人である。したがって，自分の人権と他者の人権とが衝突した場合には，どちらか一方の人権が制約される可能性がある。この人権と人権の衝突の調整は，憲法学において「公共の福祉」と呼ばれている内容の一つである。

　これらの三つの論点について，以下の事例に基づいて議論を展開してみよう。

## 2　討論用資料

### 「表現の自由」と「プライバシー権，肖像権」の衝突

　大学3年生の「あなた」は，ある日，大学のゼミを休んで恋人とテーマパークに遊びに行くことになりました。事前に2人のスケジュールを調整して，日付変更ができない代わりにリーズナブルな値段の平日限定のチケットを購入していました。しかし，あなたは，その日，突然ゼミの補講が入ってしまいました。ゼミの担当教授は，非常に厳格な人です。私用でゼミを休んだことが発覚したら，単位を認定されないだけでなく，今後の指導を受けられなくなる可能性もあります。あなたは，そのことを恋人に相談しました。すると，恋人は，「風邪ひいたことにすれば大丈夫じゃない？　それに，突然補講入れるのって，教授が悪いでしょ。せっかくチケット買ったんだから行こうよ。楽しみにしていたんだから。」と応えました。確かに，ゼミを休むことに若干の罪悪感はありました。しかし，あなた自身も，このイベントを楽しみにしていたことは確かです。迷った末に，最終的にはゼミを休むことにしました。「バレなければ大丈夫だよね，うん。」

　その日のデートは，あなたにとって非常に有意義でした。平日でしたので，テーマパーク内はそれほど混んでいません。並ぶこともなくアトラクションを満喫できました。また，園内で偶然，友達2人組に出会いました。向こうから声をかけられたとき，2人とも恋人がいないことを知っていたので，悪いとは

思いつつ，少しだけ優越感を持ちました。その後，夕方まで遊び，最後は少し割高ですが園内のレストランで食事も楽しみました。帰宅して 1 日を振り返ったとき，非常に充実した気持ちになりました。

＊＊＊

　翌日，あなたはツイッター[(1)]を開いて驚きました。園内で出会った友達の 1 人がツイッターで以下のように投稿していました。「さっき，夢の国でデート中の○○（あなたの名前）と遭遇。こっちは友達と 2 人。向こうは恋人とデート。敗北感。。。」友人が，昨日，園内で会った直後に投稿していたようです。この投稿により，その時間にあなたが園内にいたことが世界中に発信されています。あなたは友人に，LINE[(2)]を送りました。「昨日，ゼミさぼるために仮病使って遊びに行ってたんだよね……先生にバレたらまずいから，ツイート消してくれない？」しかし，どれだけ待っても相手から反応はありません。

　イライラしているあなたに対して，さらに追い打ちをかける出来事がありました。あなたの恋人が，昨日のデートの写真をインスタグラム[(3)]に投稿しているのです。投稿されている複数枚の写真のうち，あなたは 1 枚の写真に注目しました。「観覧車を見ているあなたの後ろ姿」の写真には，100 件以上の「いいね」[(4)]がついています。確かに，その写真の構図は洗練されており，撮影直後に見せてもらうと自分でも気に入り，良い写真だと思ったものでした。しかし，あなたは，写真をインスタグラムで公開することに同意していません。それにもかかわらず，恋人は，ハイライトやコントラストを調整して加工したその写真をインスタグラムで公開していました。また，その他の写真の中には，あなたの顔がはっきりと映っているものが含まれています。その写真を公開するということは，あなたがその日，テーマパークに遊びに行っていることを公開することを意味します。あなたは，仮病を使ってゼミを休んでいるため，テーマパークに遊びに行った事実が拡散されると不都合が生じます。

あなたは，すぐに恋人に電話をして，写真を削除するように頼みました。ところが，恋人は言いました。

　「他の写真は消してもいいけど，あの観覧車と後ろ姿の写真だけは消さない。あんなにたくさんの『いいね』がついたのも初めてだし，自分でもよく撮れていると思う。だから，あれだけは消さない。」

そう言った恋人の話を聞いて，あなたは少し苛立ちました。

　「でも，写真に写ってる本人が消してって言ってるんだから，消してよ。」

　「写ってるっていっても，後ろ姿じゃん。後ろ姿だけなら誰だかわからないよ。他の顔が写っている写真は消すから，それでよくない？」

　「髪型とか，服装とかで，わかる人が見たら100％特定できるから！」

　「そんなのでは特定できないよ。あっ，とりあえずこれからバイトだから，この話はまた今度ね。」

そう言って恋人は一方的に通話を終了させました。


　友人のツイッターにはあなたが昨日デートしていたという事実が書かれており，恋人のインスタグラムにはあなたの写真がアップされています。SNSの拡散力は，あなた自身もよく理解しています。昨日，仮病を使ってゼミを休んだことが教授にバレることに怯えながらも，勝手にあなたの行動や写真がSNSにアップされたことに対して怒りを感じていました。


## 3　討論用クエスチョン

　(1)　あなたは，友人に対してプライバシー権を主張できると思いますか，それとも主張できないと思いますか？　理由とあわせて説明してください。

　(2)　あなたの肖像権と，恋人の表現の自由。この場合には，どちらが優先されるべきでしょうか？　理由とあわせて説明してください。

　(3)　SNSへの投稿は，他にどのような人権と衝突する可能性があるでしょうか？　できるだけ，具体的なシチュエーションを挙げてください。

(4)　SNS への投稿以外で表現の自由が他者の人権と衝突するケースは，どのようなものが想定されるでしょうか？　できるだけ具体的なシチュエーションを挙げてください。

(5)　上記の(3)，(4)で考えたシチュエーションにおいては，表現の自由と，衝突する人権とでは，どちらが優先されるべきでしょうか？　理由とあわせて説明してください。

# 4　解説・より深く

今回議論した「表現の自由」と「プライバシー権，肖像権」の衝突の事例について考える際には，押さえておくべきポイントがいくつか存在する。

### プライバシー権について

プライバシーという言葉は一般に浸透しているが，その定義は一様ではない。新しい人権の一つとして位置づけられるプライバシー権とは，具体的にはどのような権利であろうか。

従来のプライバシー権は「私生活をみだりに公開されない権利」と理解されてきた。「宴のあと」事件では，三島由紀夫が執筆した小説が，モデルとなった人物のプライバシー権を侵害するものかどうかが問題となった。この事件の判決において，前述のプライバシー権の定義及びプライバシー権侵害の要件が示された。具体的には，①私生活の事実かまたは事実らしいと受け取られる情報である，②本人の立場からは公開して欲しくない情報である，③一般にはまだ知られていない情報であるという三つの要件を満たした場合に，プライバシー権侵害が認定される。こうしたプライバシー権の内容は，プライバシーの消極的側面と位置づけられる。

これに対して，近年ではプライバシー権の範囲が広がり，「自己に関する情報をコントロールする権利」として捉えられるようになっている。情報化社会の高度化に伴って，国や大企業による個人情報の収集や利用が，我々の生活を

脅かすリスクが高まってきた。そうした状況の中で，プライバシーの範囲をより積極的に捉える考え方が生まれてきた。こうしたプライバシー権の内容は，積極的側面と位置づけられる。

　さて，この事例においてあなたが問題とするプライバシーに関しては，消極的側面に注目して考えたほうがイメージしやすいであろう。そうすると，「恋人とテーマパークでデートしていた」という点について，前述の「宴のあと」事件の判例で示された三つの要件に当てはめて考えることが，一つのポイントとなる。

### 肖像権について

　肖像権とは，「自分の容姿などについて，他人が勝手に撮影したり，公開したりすることを拒否したりする権利」である。肖像権には，二つの側面がある。

　第一に，人格権としての側面である。人格権とは「個人の人格的利益を保護する権利」である。肖像は個人の人格の象徴であるため，肖像権は人格権に由来する権利として位置づけられる。この人格権としての側面は，プライバシー権とも関係しているといえるであろう。

　第二に，財産権としての側面である。財産権とは，「財産的価値を保護する権利」である。芸能人やスポーツ選手の肖像は，非常に強い広告力，つまり顧客吸引力を持つ。肖像権は，この顧客吸引力を保護する権利（パブリシティ権）としての側面も有している。この点，肖像権に関しては，憲法上の規定もなく，また法律でも肖像権は明文化されていない。しかし，いくつかの判例（例えば，ピンク・レディー無断写真掲載事件）により，肖像権は認められている。

　さて，この事例においては，主に人格権的側面が問題となるであろう。あなたは，芸能人でもスポーツ選手でもない。したがって，「パブリシティ権」のような財産的側面は問題とはならない。つまり，あなたが肖像権を主張する場合には，それは人格的側面の主張となる。問題は「後ろ姿」に肖像権が認められるか否かである。この事例で，あなたの恋人は，「顔が映ってる写真」は消すが，「後ろ姿の写真」は消さないと主張している。この点，「顔が写ってい

る写真」が肖像権の保護の対象になることは，イメージしやすいであろう。それでは，顔が写っていない「後ろ姿」はどうであろうか。結論からいえば，肖像権は顔が写っているか否かは関係なく，本人と特定できるか否かが重要となる。これは，プライバシー権と関係してくる人格権的側面の問題である。仮に顔が写っていなくても，本人と特定できるのであれば，それは肖像権による保護の対象となる。あなたが主張するように「髪型，服装」で本人と特定できるか否かが重要な議論のポイントとなるであろう。

### 表現の自由と他の人権との衝突

あなたに肖像権が認められるとしても，さらに，友人や恋人の「表現の自由」との関係を考える必要がある。この事例は，あなたの肖像権と友人や恋人の表現の自由とが衝突している事例だからである。予習用資料でも示したように，表現の自由は人権の中でも特に重要な地位を占めている。しかし，だからといって，表現の自由が常に他の人権に優先されるわけではない。どちらが優先されるか，それはケース・バイ・ケースである。最高裁は，「毒物混入カレー事件の被告人法廷写真事件」の判決において，肖像権と表現の自由との衝突に関して以下のような判断基準を示している。

①被撮影者の社会的地位
②撮影された被撮影者の活動内容
③撮影の場所
④撮影の目的
⑤撮影の態様
⑥撮影の必要性

これらを総合的に判断して，肖像権侵害が「社会生活上受忍すべき限度」を超えるものといえるか否かを判断する。これが，最高裁の判断基準である。受忍限度を超えない場合には，表現の自由が優先される。受忍限度を超える場合に

は，肖像権が優先される。この事例において，仮にあなたが肖像権侵害を受けていると主張する場合，その侵害は受忍限度を超えると言えるであろうか？この点について，十分に議論する必要がある。

　表現の自由が無制限に認められない点について，憲法学では「表現の自由の限界」と位置づけている。では，表現の自由には，他にどのような限界があるのであろうか。代表的な論点として，「表現の自由とわいせつ表現」や「表現の自由と名誉棄損」といった問題が存在する。これらの問題に関しては，今回取り扱った「表現の自由とプライバシー権，肖像権」の問題点と共通している点もあれば，相違している点もある。後述する参考文献にも掲載されている有名な論点であり，判例も存在する。関心があれば，ぜひ調べてほしい。

　なお，SNS に関して，第 7 章は SNS が犯罪と関係する場合についての事例を対象としている。相互に関連させて学習することで，より法が身近に感じられるであろう。

## 学習用文献

### ＜書籍＞

- 芦部信喜著・高橋和之補訂『憲法』第 7 版（岩波書店，2019年）
- 渋谷秀樹・赤坂正浩『憲法 1　人権』第 7 版（有斐閣，2019年）
- 初宿正典・大沢秀介・高橋正俊・常本照樹・高井裕之『目で見る憲法』第 5 版（有斐閣，2018年）
- 高橋和之『立憲主義と日本国憲法』第 4 版（有斐閣，2017年）
- 長谷部恭男・石川健治・宍戸常寿編『憲法判例百選Ⅰ』第 7 版（有斐閣，2019年）

### ＜裁判例＞

- 「宴のあと」事件（東京地裁昭和39年 9 月28日判決）
- ピンク・レディー無断写真掲載事件（東京地裁平成20年 7 月 4 日判決）

- 毒物混入カレー事件の被告人法廷写真事件（最高裁平成17年11月10日第一
  小法廷判決）
- チャタレイ事件（最高裁昭和32年 3 月13日大法廷判決）
- 「北方ジャーナル」事件（最高裁昭和61年 6 月11日大法廷判決）
- 「夕刊和歌山時事」事件（最高裁昭和44年 6 月25日大法廷判決）

## 【注】

(1)　ツイートと呼ばれる短文や画像，動画，URL を投稿できる SNS。
(2)　インターネット通話やチャットなどの機能を有する SNS。
(3)　写真共有を主な目的とした SNS。
(4)　投稿された写真に対するリアクションの一つで，好意的な評価を意味する。

# 第 3 章

# 信教の自由と政教分離

## 【憲　法】

　この章では，「信教の自由」と「政教分離」の問題について検討する。文化庁が実施している宗教統計調査によると，日本人の宗教人口は 1 億8,000万人強である（2018年時点）。この数値は，日本の人口である約 1 億2,600万人よりも多い。他方で，「自分は宗教を信仰していない」と思っている人も決して少なくないであろう。この不思議な現象は，本章で取り扱う憲法の問題とも密接に関係している。この点について，市役所で観光振興に携わるあなたを主人公とする事例に基づいて，考えてみよう。

キーワード：信教の自由，政教分離，制度的保障

# 1 予習用資料

　信教の自由とは，簡単にいえば「宗教を信じる自由」のことである。人類の歴史において，宗教を理由に国家が国民を弾圧した事例や戦争に発展した事例は数多く存在する。特に中世まではそうした傾向が顕著で，フランスにおけるユグノー戦争（1562-1598年），現在のドイツを中心とするヨーロッパの広範囲に及んだ三十年戦争（1618-1648年）などは宗教戦争の代表例である。信教の自由は，これらの宗教をめぐる争いを背景とする歴史の中で形成されてきた。こうした歴史的経緯に鑑みて，信教の自由は，前章で扱った表現の自由と同様に，立憲主義という考え方の根底にある人権の一つとして位置づけられる。現在，多くの国が憲法により信教の自由を保障している。

　日本国憲法は，第20条において信教の自由を保障している。また，同条は「政教分離」に関する規定としても位置づけられる。具体的には，第1項前段と第2項が信教の自由について定めており，第1項後段と第3項が政教分離について定めている。

---

**日本国憲法第20条**
　第1項：信教の自由は，何人に対してもこれを保障する。いかなる宗教団体も，国から特権を受け，又は政治上の権力を行使してはならない。
　第2項：何人も，宗教上の行為，祝典，儀式又は行事に参加することを強制されない。
　第3項：国及びその機関は，宗教教育その他いかなる宗教的活動もしてはならない。

---

　ここに規定されている信教の自由と政教分離という二つの内容は，密接不可分の関係にある。以下では，それぞれの概要を説明する。

## 信教の自由

　信教の自由は，三つの内容を柱としている。すなわち，①信仰の自由，②宗教的行為の自由，③宗教的結社の自由の三つである。第一に，信仰の自由とは，宗教を信仰したり，または信仰しなかったりすることを個人が決定する自由である。この信仰の自由には，信仰する宗教を選択したり，変更したりする自由も含まれる。第二に，宗教的行為の自由とは，信仰に基づいて宗教的行為を行ったり，他者から宗教的行為を強制されたりしない自由である。宗教的行為の例としては，礼拝や布教などが挙げられる。第三に，宗教的結社の自由とは，宗教団体を結成したり，加入したりする自由である。ここでの宗教団体とは，特定の宗教の宣伝や宗教的行為を目的とする団体であり，必ずしも法人格を有する団体に限定されない。これらの3点に関して，信仰の自由は内面的なものであるため，絶対的に保障される。他方で，宗教的行為の自由と宗教的結社の自由は，場合によっては必要最小限度の制約を受ける（第2章参照）。

## 政教分離

　政教分離とは，「国家の宗教的中立性」を要求する原則である。国家と特定の宗教が結びつくと，他の宗教の圧迫に繋がる。宗教の圧迫とは，信教の自由の侵害に他ならない。したがって，信教の自由をより確実に保障するための手段として，政教分離という制度が保障されているという理解が一般的である。こうした政教分離の性格を，「制度的保障」という。

　日本における政教分離の内容として，憲法第20条は以下の3点を挙げている。第一に，特権付与の禁止である（第20条第1項後段）。ここでの特権とは，政治的，経済的，法的な優遇を意味する。第二に，宗教団体による政治権力行使の禁止である（第20条第1項後段）。宗教団体は，国や地方公共団体が独占する統治権力（例：立法権や課税権）を行使してはならない。第三に，国の宗教的活動の禁止である（第20条第3項）。国および地方公共団体の機関は，いかなる宗教的活動も行ってはならない。

また，これらの規定に加えて，第89条の規定も，政教分離に関する規定として位置づけられる。第89条の規定は，政教分離を財政面から保障したものと言えよう。

> **日本国憲法第89条**
> 公金その他の公の財産は，宗教上の組織若しくは団体の使用，便益若しくは維持のため，又は公の支配に属しない慈善，教育若しくは博愛の事業に対し，これを支出し，又はその利用に供してはならない。

　ここで留意しなければならないのは，政教分離は「国家と宗教との関与を一切排除するものではない」という点である。現実社会において，国家と宗教とを完全に切り離すことは不可能である。特に，日本においては，神道や仏教を起源とする宗教的行為が日常生活に根付いている。冒頭で日本の宗教人口が日本の総人口を上回っているという不思議な現象について触れた。その原因の一つは，「神道」と「仏教」，双方の信者としてカウントされている人が多いためである。神社の「氏子」であると同時に寺の「檀家」であるが，本人はどちらも信者として自覚していない。こうした例は，決して少なくない（実は，筆者がそのパターンである）。こうした特性がある日本においては，国家と宗教との切り離しはより困難となる。したがって，政教分離の問題を議論する際の最大の論点は，「国家と宗教の関与が，どのような場合に，どの程度まで許されるのか」という点にある。

　これらの内容を前提に，以下の事例について検討してみよう。

## 2　討論用資料

### その行為，宗教的活動に該当しますか？

　「あなた」は，A市役所の観光振興課に所属する公務員です。他の多くの自治体と同様に，A市にとっても観光振興は重要な課題です。あなたは，A市の観光振興のための業務に日々従事しています。

　あなたは，市の公式ホームページにアップするためのA市のPR動画を作成するプロジェクトチームのリーダーに任命されました。幸いなことに，A市には歴史的な寺社仏閣が多く存在しています。月並みですが，こうした寺社仏閣を活用して，A市の魅力を外部に発信していくという方針になりました。この点に関して，どの寺社仏閣を紹介するかが議論になりました。プロジェクトチーム内では様々な意見が出されましたが，最終的にA市内にある全ての寺社仏閣を紹介すると時間も長くなり，結果的に印象が薄くなる可能性があるという意見にまとまりました。そこで，チームで代表的な寺社仏閣をいくつか選択して，それぞれを紹介し，合計で10分程度の動画を作成することになりました。チームの案を課長に提案すると，課長の了承も得られました。

　素材となる動画撮影を控えたある日，あなたは課長のデスクに呼ばれました。
「PR動画だけど，市長が『動画内で自分が紹介する』と言ってるらしい。」
「市長が？　PR動画に？　直々に？」
「ほら，来年，市長選挙だろ。だから，このあたりで市民に自分の存在をアピールしたいんだと思うよ。まぁ，もともと目立ちたがり屋でいうのもあるんだろうけど。おっと，失礼。スケジュールは市長室を通じて調整しておいて。それじゃ，よろしく。」
課長の指示は唐突でしたが，あなたは市長室にスケジュール調整のための連絡をいれました。

＊ ＊ ＊

　数週間後，三つのお寺と一つの神社を紹介する動画が完成しました。市長は
この企画に非常に意欲的でした。最初に訪問したＢ寺では，単にＢ寺を紹介
するだけでなく，参拝するシーンも撮影するように指示されました。カメラを
回すと，市長はまず，礼をして，賽銭箱にお賽銭をいれました。続いて，鰐口
を鳴らし，合掌し，願い事を伝え，再び合掌。このように，市長の参拝作法は
本格的でした。参拝を終えた市長はカメラの前に戻ってきました。「何を願っ
たって？　決まってるじゃないか。Ａ市民の幸せだよ。」誰も訊いてもいない
のに，自分から笑顔で語り始めました。そして，カメラが止められたのを確認
して市長はあなたに言いました。「参拝のシーンと，Ａ市民の幸せをお願いし
たってコメントしたシーンは絶対に使うようにな！」なお，Ｂ寺の後に訪れた
寺と神社に関しては，紹介シーンだけで参拝シーンの撮影はありませんでした。
ともあれ，動画を作成するための素材は充分に確保できました。あなたは市長
に指示されたシーンも含めて，10分程度の動画を作成しました。

　公開された動画は，順調に視聴数を伸ばしていました。ホームページの管理
部門にアクセス解析してもらうと，市外，さらには日本国外からのアクセスも
相当数あるようでした。市長の参拝作法が外国人の興味を惹いたのでしょうか。
この動画がきっかけとなってＡ市への観光客が増えてくれば成功です。加え
て，業務の一環とはいえ自分が作成した動画に多くのアクセスがあることに対
しても，あなたは喜びを感じていました。

＊ ＊ ＊

　動画公開から１カ月後，あなたは，課長とともに市長室に呼び出されました。
当初，動画の出来栄えやアクセス数について褒められるのかと思っていました。
しかし，そんなあなたの期待は，市長室に入って市長の顔を見た瞬間に吹き飛
びました。怒り顔の市長は，あなたの顔を見た瞬間に大声で怒鳴りました。

「この前，君たちが作った動画，市民団体からクレームがきているぞ！」

「クレーム？　失礼ですが，市長，どのような内容でしょうか？」

「市長が寺を紹介したり，参拝したりする動画を公式ホームページで紹介するのは憲法違反だっていうクレームだ！　政教分離っていう原則に違反するらしいじゃないか！　どうして黙っていたんだ，おい？　近々，『信教の自由を侵害する市長』という見出しつきで，地元紙でも取り上げられるらしい！　どうしてくれるんだ！」

政教分離？　そういえば，公務員試験の勉強をしているときに覚えた気がするなぁ。どんな内容だっけ。あなたは市長に怒鳴られながらも，そんなことを考えていました。

## 3　討論用クエスチョン

(1)　あなたが作成した動画を市の公式ホームページにアップすることは，政教分離に違反すると思いますか？　それとも違反しないと思いますか？　理由とあわせて説明してください。

(2)　以下の事例が政教分離に違反するか否か，(1)と同様に理由とあわせて説明してください。

　(a)　A市が，クリスマスツリーを市役所に設置する。

　(b)　A市が，市立公民館の建設に際して，土地のお祓いを神社に依頼して，謝礼金を支払う。

　(c)　A市が，教会主催のチャリティーバザーに協賛金を支出する。

　(d)　A市が，市有地を神社に無償で貸し出す。

(3)　上記の(1)及び(2)のディスカッションを踏まえて，あなたは，どのような活動が政教分離の問題における「宗教的活動」に該当すると思いますか？

## 4　解説・より深く

　今回扱った問題は，憲法学において「政教分離の限界」として議論されている内容である。繰り返すが，政教分離の問題に関しては，「国家と宗教の関与が，どのような場合に，どの程度まで許されるのか」を検討することが重要である。ところが，この問題を検討する際の「基準」そのものは日本国憲法の条文では明示されていない。こうした場合には，判例により基準が示されることが一般的である。

　憲法学において政教分離の問題を検討する際に最も重要な基準の一つが，「目的・効果基準」である。この目的・効果基準は，米国の判例理論により確立された考え方である。具体的には，以下の三つの要件により構成され，これらの全てを満たした場合にのみ，その国家の活動は政教分離原則に違反しないと判断される。

① 国家の行為が世俗目的である
② 国家の行為の主な効果が特定の宗教を助長または抑圧するものではない
③ 国家と宗教との間に過度の関わり合いがない

　日本においても，基本的にはこの米国における判例理論を受容した上で，判断基準が形成されてきた。政教分離に関する最高裁の判決は数多く存在する。以下では，特に重要な三つの判例を紹介する。

### 津地鎮祭事件最高裁判決

　津地鎮祭事件は，三重県津市が市体育館の建設に際して神式の地鎮祭を挙行し，神職への謝礼などの費用を公金支出したことが政教分離に違反するか否かが問題となった（討論用クエスチョン(2)(b)は，この事件を基にしている）。

　この事件の判決において，最高裁は，地鎮祭は政教分離に違反しないと判示

した。まず，判断基準として，「当該行為の<u>目的</u>が宗教的意義をもち，その<u>効果</u>が宗教に対する援助，助長，促進又は圧迫，干渉等になるような行為」（下線は筆者）が政教分離原則により禁止される宗教的活動に該当すると示した。その上で，地鎮祭は，「社会の一般的慣習に従つた儀礼を行うという専ら世俗的なものと認められ，その効果は神道を援助，助長，促進し又は他の宗教に圧迫，干渉を加えるものとは認められない」と判断したのである。

　この津地鎮祭事件において最高裁が示した目的・効果基準は，米国の判例理論において形成された基準よりも緩やかである。具体的には，前述の①及び②の要件のみで構成されており，③の「過度の関わり合い」という要件までは求められていない。したがって，この基準は，政教分離を厳格に考える立場からは批判されることも多い。しかし，津地鎮祭事件で示された理論的枠組みは，以後の政教分離に関する訴訟における判決で多く用いられてきた。

　本章の事例（討論用資料および討論用クエスチョン(2)で示された各事例）を検討する際においても，目的・効果基準は一つの有用な手段となるであろう。例えば，討論用資料の問題に関しては，市が観光資源として寺社仏閣を PR したり，市長がその寺社仏閣を参拝したりする行為が宗教的意味をもつかどうか（目的），その市の行為により寺社仏閣が助長されたり他の宗教が圧迫されたりするかどうか（効果）など，それぞれの事例について当てはめて検討するとよいであろう。ただし，その際には，「基準をどの程度厳格に適用するか」という点を検討する必要がある。それにより，結論が変わるからである。例えば，最高裁は津地鎮祭事件においては合憲という結論を示したが，基準を厳格に適用すれば違憲という結論も十分に導き出され得る。

### 愛媛玉串事件最高裁判決

　愛媛玉串事件は，靖国神社（宗教法人）による春と秋の例大祭と夏のみたま祭りに際して愛媛県が公金から玉串料と献灯料を支出したことが政教分離に違反するか否かが問題となった。

　この事件の判決において，最高裁は，愛媛県による公金支出は憲法第20条及

び第89条に規定する政教分離に違反すると判示した。政教分離に関して，最高裁が違憲判決を下した初の事例である。具体的には，公金支出に関して，「その目的が宗教的意義を持つことを免れず，その効果が特定の宗教に対する援助，助長，促進になると認めるべき」（下線は筆者）という判決を下した。下線部からわかるように，愛媛玉串事件においても，最高裁は目的・効果基準を採用している。この点，前述の津地鎮祭事件は合憲で，この愛媛玉串事件が違憲という点に関して，違和感を覚える人もいるかもしれない。実際に，愛媛玉串事件を担当した最高裁裁判官の個別意見にも，この点を疑問視するものがあった。さて，読者の皆さんであれば，どのように判断するであろうか？

### 空知太神社事件最高裁判決

空知太神社事件は，北海道砂川市がその市有地を空知太神社に無償で使用させている行為が政教分離原則に違反するかどうかが問題となった（討論用クエスチョン(2)(d)は，この事件を基にしている）。

この事件は，最高裁が目的・効果基準に言及せずに違憲判断を下した点が重要である。この事件の判決において，最高裁は，以下の四つの要素を挙げ，これらを中心に「総合的に判断すべき」とした。

① 当該宗教的施設の性格
② 当該土地が無償で当該施設の敷地として用いられるようになった経緯
③ 無償提供の態様
④ これらに対する一般人の評価

結論として，本件に関しては，「一般人の目から見て，市が特定の宗教に対して特別の便益を提供し，これを援助していると評価されてもやむを得ない」として，憲法第20条及び第89条に規定する政教分離に違反すると判示された。本章の事例を検討する際に，この新たな基準を応用して検討することも有用であろう。

## 学習用文献

### ＜書籍＞

書籍に関しては，基本的に第 2 章と同じ文献が参考になる。

### ＜裁判例＞

- 津地鎮祭事件（最高裁昭和52年 7 月13日大法廷判決）
- 愛媛玉串事件（最高裁平成 9 年 4 月 2 日大法廷判決）
- 空知太神社事件（最高裁平成22年 1 月20日大法廷判決）
- 自衛官護国神社合祀事件（最高裁昭和63年 6 月 1 日大法廷判決）
- 箕面忠魂碑事件（最高裁平成 5 年 2 月16日第三小法廷判決）
- 内閣総理大臣靖国参拝違憲確認等請求事件（最高裁平成18年 6 月23日第三小法廷判決）

第 4 章

# 売買での意思表示

## 【民法・財産法】

この章では，「民法」の事例として，売買契約に関する問題を検討する。新聞やテレビの報道で欠陥商品についてのトラブルを見聞きする機会も多く，イメージしやすいかもしれない。こうした消費者問題の多くは，民法上の問題として扱われている。この章では，売買契約を題材に契約に関する基本を学んでいきたい。

キーワード：法律行為，意思表示，詐欺，契約の解除

# 1 予習用資料

## 法律行為と意思表示

人は暮らしの中で，絶えず他人と関わりあっている。例えば，電気店でパソコンを買う場合の売主と買主，交通事故の加害者と被害者，結婚をすると夫と妻になる。親が亡くなれば，その子は相続人となり亡くなった親は被相続人となる。これらは，売買契約，不法行為，婚姻，相続という法律関係にあたり，民法という法律で扱うことになる。民法は財産法と家族法という二つの分野から構成されている。

民法には法律行為という規定がある。では，法律行為とは何か。法律行為の種類には，単独行為，契約，合同行為がある。私たちに身近な「契約」は，この法律行為の代表例なのである。

例えば，A が所有する車を B に「50万円で私の車をあなたに売ってあげよう」と申し込み（A の意思表示），B が「あなたの車を50万円で買いましょう。」と承諾（B の意思表示）したとする。ここに A と B の意思と意思の合致があったので，売買契約が成立する。契約が成立すると，A と B には権利と義務の関係が生じる。具体的には，売主 A は代金50万円の支払請求権と B に車を引き渡す義務が生じる。他方で，買主 B は代金50万円の支払義務と A の車の引渡請求権が生じる。つまり法律行為とは，「権利の変動を発生させるために意思表示を不可欠の要素としている行為」ということになる（図4-1）。

では，意思表示とは何か。意思表示とは意思を表示する行為である。法律上，この意思表示のプロセスは，動機→効果意思→表示意思→表示行為とされている。例えば，売主 A の意思表示は，新車を購入したいので今持っている車を売りたいと思う（動機）→B に「今持っている車を50万円で売ってあげよう」と自分の心の中で決める（効果意思）→B に「50万円で私の車をあなたに売ってあげよう」と言おうと心の中で思う（表示意思）→「50万円で私の車をあなたに売ってあげよう」と表現する（表示行為），このようになる。そして，この

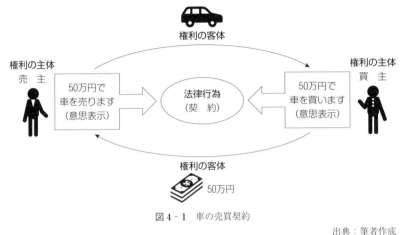

図 4 - 1　車の売買契約

出典：筆者作成

意思表示のプロセスで民法上重要となるのは，原則として効果意思と表示行為である。

### 錯　誤

「錯誤」とは，先述した効果意思と表示行為の間に食い違いがあり，その事実を表意者自身が気づいていないような場合である。例えば，あなたが洋菓子店のショーウィンドウを見て，プリンを 2 個買って帰ろうと心の中で決めた（効果意思）。しかし，店員さんへの注文の際に，「ショートケーキを 2 個ください」と無意識に言ってしまった（表示行為）。あなた自身が効果意思と表示行為に食い違いがあることに全く気づいていない状況，これが錯誤による意思表示である。こうした場合，錯誤が法律行為の目的及び取引上の社会通念に照らして重要なものであるときは，その意思表示を取り消すことができるとされる（民法第95条）。

### 詐　欺

「詐欺」と聞くと「振り込め詐欺」を思い浮かべるかもしれない。法律上の

「詐欺」については2種類あり，民法（民法第96条）と刑法（刑法第246条）に規定がある。ここでは，民法上の詐欺について解説する。<sup>(1)</sup>

　民法では，他者からの詐欺が原因で意思表示のプロセスに影響があり，正常な意思形成を妨げられている場合には，その表意者に対して意思表示を取消す機会を与えている。民法上の詐欺とは，詐欺者に相手を錯誤に陥れようとする故意と，その錯誤によって意思表示をさせようとする故意があり（二段の故意），その詐欺が違法な欺罔行為であって，その上で表意者がその詐欺に基づいて意思表示をしていることが必要とされる。

　これらの民法上の三つの論点に関して，以下の事例に基づいて議論を展開してみよう。

## 2　討論用資料

### 売買契約をめぐるトラブル

　社会人5年目を迎えた「あなた」は，結婚を機に一戸建て住宅を買うことをパートナーと相談して決めました。そして，パートナーも仕事が忙しいので，あなたが家を探すことになりました。あなたは会社近くにある大手不動産会社AのB支店の担当者Cに，パートナーと相談して決めた住みたい地域や建物面積，間取り，購入価格などを伝え，Cからの連絡を待つことにしました。

　数日後，あなたにCからメールで連絡がありました。「お客様（あなた）の希望に沿った物件があります。」メールには家の写真が添付されており，現在はDが所有していること，Dがその家の売却を希望していることも記されていました。あなたは，その家が魅力的に思えましたし，相談したパートナーも同様でした。そこで，2人でその家を実際に見たいと思い，Cに連絡し，内覧の日時を決めました。

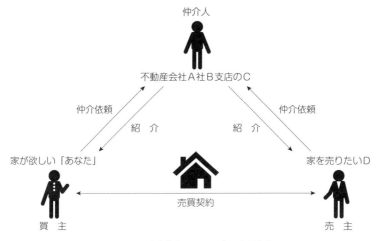

図4-2　仲介業者の入った家の売買契約

出典：筆者作成

　内覧当日，あなたとパートナーは，担当者であるCと一緒にDの家を訪ねました。Dの案内で室内も屋外もすべて見せてもらいました。日当たりも良く，住宅環境は良好です。加えて，Dの人柄にも好感を持てました。あなたとパートナーはこの家がとても気に入りました。Dから「いかがでしょうか？」と聞かれ，Cも「私もお勧めの物件です。他のお客様からも問い合わせが多数来ていますので，今日，明日中にお返事を頂きたいです」と言われました。それに対して，あなたは「今すぐにでも買いたいです」と答えると，Dも「私もあなたに是非とも買って頂きたいです」との回答がありました。これを聞いたCは，「では，10日後にB支店で契約手続きをいたしましょう」と言って契約の日時が決定しました（図4-2）。

　内覧から10日後，B支店であなたは再びDと会い，Cを介してDと売買契約書を取り交わしました。契約書に記載されている主な契約内容は，代金支払日と家の引渡（所有権移転）を契約日から1カ月後に行うということです。

その翌週，あなたとパートナーは，購入した家の近くの様子を見に行きました。Ｄの家をパートナーと２人で嬉しそうに見ていると，Ｄの家の隣の家から人が出てきました。あなたが「来月，隣の家に引っ越してくる者です。よろしくお願いします。」と挨拶すると，その人は，あなたにこう言いました。「えっ⁉　この家，３年前にＤさんのご家族が自ら命を絶たれたんですよ。そのこと知って，この家を買われたのですか？」あなたとパートナーはそれを聞いてとても驚きました。そして，直ちに，Ｂ支店に行き，担当者Ｃに隣の人から聞いた話をしました。すると，Ｃもその事実を全く知らなかったと言いました。

　あなたとパートナーは，この事実を教えてくれなかった所有者Ｄに対してはもちろんのこと，建物売買の専門家である仲介業者Ａ社やＢ支店の担当者Ｃ個人に対しても強い憤りを感じています。この事実を知らされていれば，あなたはこの家の売買契約をしていなかったからです。しかし，現実には，すでに銀行に住宅ローンの契約をしており，また，引越業者の手配も済ませています。それでも，あなたもパートナーもこの家の売買契約を今すぐにやめて，損害を賠償して欲しいと思っています。

　なお，議論の際には，以下の点に注意してください。Ｄは所有する家を売却したいと思い，Ｂ支店に仲介を委託しました。Ｄは担当者Ｃ対して，家族が自ら命を絶った事実を伝えませんでした。事実を伝えれば，その家が売れなくなるか，もし売れたとしても価格が安くなると思ったからです。また，ＣもＤから売却を頼まれたこの家に行き，この家の販売希望価格や近隣環境などの一般的なことは聞きましたが，その家の背景については何も聞かず，Ａ社として独自に調査もしませんでした。つまり，本当にＣは何も知らなかったのです。

## 3　討論用クエスチョン

(1)　あなたと D との売買契約はいつ成立したといえるでしょうか？

(2)　あなたは D との売買契約について，D がその家であった事実を告げな
かったこと（黙っていたこと）を詐欺であるとして，売買契約を取り消す
ことができるでしょうか？　あるいは，錯誤を主張して売買契約を取り
消すこともできるのでしょうか？

(3)　B 支店担当者 C が内覧の時，「他のお客様からも問い合わせが多数来て
います」との発言は全くの嘘でした。この C の嘘の発言を理由として，
あなたは D との売買契約をやめることはできるでしょうか？　C の
「他のお客様からも問い合わせが多数来ています」という発言が嘘であ
ることを D が知っていた場合と知らなかった場合とで考えてみてくだ
さい。

(4)　上記の(2)，(3)で，契約をやめることができた場合，あなたにはどれだけ
の損害が発生しているでしょうか？

## 4　解説・より深く

今回議論した「売買契約」の事例について考える際に，押さえておくべきポ
イントがいくつか存在する。

### 契約の成立時期について

民法には「契約自由の原則」がある。これは，人は自分の意思に基づき自由
に契約をすることができることを意味する。具体的には，契約をするかしない
かは個人の自由であるという「契約締結の自由」（民法第521条第 1 項），どのよ
うな内容の契約をするのかも個人の自由であるという「契約内容の自由」（民
法第521条第 2 項），どのような方式で契約をするのかも個人の自由であるとい

う「契約方式の自由」（民法第522条第2項）が存在する。

　そして，契約の成立については，契約内容を示してその締結を申し入れる意思表示（申込）とこれに対して相手方が承諾をしたときに成立する（民法第522条第1項）としている。

　これを踏まえて，あなたとDとの契約の成立時期について，よく考えてみよう。

### 第三者が詐欺を行った場合について

　あなたとDとの売買契約で，B支店担当者Cがあなたに詐欺を行ったと考えることもできそうである。

　民法も「相手方に対する意思表示について第三者が詐欺を行った場合においては，相手方がその事実を知り，又は知ることができたときに限り，その意思表示を取り消すことができる」としている（民法第96条第2項）。これに当てはめると，あなたが相手方Dに対する意思表示について，第三者であるB支店担当者Cが詐欺を行った場合，DがCの詐欺の事実を知っているか，あるいは知らないとしても，知らないことにDの落ち度がある場合には，あなたはDとの売買契約を取り消すことができる。

　なお，不動産会社には，宅地建物取引業法（宅建業法）上，購入希望者に対して，売買契約締結までに重要事項を説明する義務があり，説明していなければ，説明義務違反ということになる。

### 売買契約不適合の場合の売主の責任

　民法は，売主には売買契約の内容に適合した物を買主に引き渡す義務があると規定する（民法第562条）。例えば，売買の目的物に関する契約不適合には，耐震住宅であるとの説明を受けて家を購入したにもかかわらず，その家は設計ミスが原因で耐震不備が判明した場合，物理的な欠陥となり，契約不適合となる。また，自殺のあった家には物理的欠陥はないが，心理的欠陥があると認められると契約不適合となる。

　こうした物に関する契約不適合の場合，交換できる物，修理できる物であれば，売主は交換や修理の義務が生じる。しかし，心理的欠陥の場合は，交換や修理はできないので，買主は契約をやめたり（契約解除），損害賠償を請求できることになる。

## 学習用文献

### ＜書籍＞

- 山田卓生・河内宏・安永正昭・松久三四彦『民法Ⅰ──総則』第 4 版（有斐閣，2018 年）
- 中舎寛樹『民法総則』第 2 版（日本評論社，2018 年）
- 中舎寛樹『債権法　債権総論・契約』（日本評論社，2018 年）
- 野村豊弘・栗田哲男・池田真朗・永田眞三郎・野澤正充『民法Ⅲ──債権総論』第 4 版（有斐閣，2018 年）

### 【注】

⑴　刑法上の詐欺罪については，第 6 章（刑法）を参照。
⑵　第三者とは当事者以外の者をいう。ここでは，売買契約の当事者は売主 D と買主であるあなたであり，A 社の B 支店担当者 C が第三者ということになる。

# 第 5 章

# 私的扶養と生活保護

## 【民法・家族法】

　この章では，前章に続き「民法」に関するテーマの事例として，「生活に困っている人を誰が助けるのか」という問題について検討する。日本は世界の中で最も速いスピードで少子高齢化が進んでいる。それに合わせるかのように，高齢者を中心に生活に困る人が増加している。こうした状況下において，生活保護受給世帯数が増加傾向にあるといった報道を目にする機会も増えてきた。そこで，この章では，生活に困っている人を助ける日本の法制度について知ってもらいたい。

キーワード：私的扶養，公的扶助，生活保護

## 1 予習用資料

### 生存権と公的扶助

　日本国憲法第25条は，第1項で「すべて国民は，健康で文化的な最低限度の生活を営む権利を有する」，第2項で「国は，すべての生活部面について，社会福祉，社会保障及び公衆衛生の向上及び増進に努めなければならない」として国民に生存権を保障し，国に対しては，国民の生存権を保障する義務を課した。

　そこで国は，社会保険（医療保険，雇用保険など），公的扶助（生活保護），社会福祉（児童福祉，障害者福祉など）からなる社会保障制度を整備した。『公的扶助（生活保護）』とは，国や地方公共団体が税金を財源として生活に困っている人に金銭や医療などを支給する制度であり，これが生活保護法によって実現されている。

### 私的扶養と生活保護の補足性

　例えば，未成年の子が生活に困っていれば，親が助けてくれるだろう。高齢者が生活に困っていれば，子が面倒を見るであろう。しかし，親のいない未成年の子や子がいない高齢者はどうすればよいのか。ただちに公的扶助（生活保護）を受けることになるのだろうか。民法第4編（親族編）には，扶養に関する規定が設けられており，これを「私的扶養」という。すなわち，生活に困っている人の救済制度には，私的扶養と公的扶助がある。では，私的扶養と公的扶助のいずれが優先されるのだろうか。生活保護法第4条第2項には，「民法に定める扶養義務者の扶養及び他の法律に定める扶助は，すべてこの法律による保護に優先して行われるものとする」と規定されている。つまり，私的扶養が生活保護に優先し，生活保護は私的扶養その他の扶助では，最低限度の生活ができないときに行われるとしている。これを「生活保護の補足性の原理」という。

**扶養義務者と扶養の順位，扶養の方法**

　私的扶養の扶養義務者について民法はまず，直系血族及び兄弟姉妹が互いに扶養をする義務があるとしている（民法第877条第 1 項）。また，配偶者については，民法第752条を根拠として夫婦が互いに扶養義務を負うとしている。特別の事情があるときは，三親等内の親族（図 5 - 1 ）間においても家庭裁判所が扶養の義務を負わせることができる（民法第877条第 2 項）。扶養義務者が数人いる場合の扶養をすべき者の順序について，当事者間に協議が調わないとき，又は協議をすることができないときは，家庭裁判所が審判でこれを定める（民法第878条）。扶養の方法についても当事者間に協議が調わないとき，又は協議をすることができないときは，扶養をしてもらう人の需要，扶養義務者の資力その他一切の事情を考慮して，家庭裁判所が扶養の方法を決めることになる（民法第879条）。扶養の方法には，同居扶養（引取扶養を含む）や金銭扶養などがある。

　これらの論点について，以下の事例に基づいて議論を展開してみよう。

## 2　討論用資料

**生活に困っている人を助けるのは誰か？**

　「あなた」は，市役所の生活福祉課に勤務する公務員です。ある日，窓口に年老いた女性である A が訪れました。あなたが見るかぎり，A は非常に不安そうな表情で，こう言いました。「夫に先立たれ，身の回りのこともできなくなってきており，また，生活費にも困っている。誰にも迷惑をかけたくないのでどうか助けて欲しい。」あなたは，A の話に耳を傾けました。A の話を要約すると以下のとおりです。

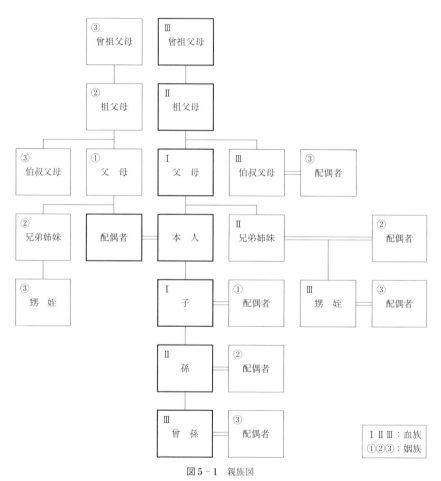

図 5‐1　親族図

出典：筆者作成

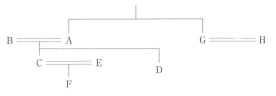

**図5‐2　Aの親族関係図**

出典：筆者作成

　Aは夫であるBとの間に2人の子供をもうけました。兄であるCと弟であるDです。そのうちのCは，成人後にEと結婚し，Fという子供がいます。他方で，Dは独身です。つまりAにとって，Fはただ1人の孫です（図5‐2）。Cは，結婚するまではAと同居していましたが，結婚を機会に家を出ていきました。現在は，仕事の都合で，E，FとともにAとは遠く離れた場所で暮らしています。Aの息子であるCとDは，昔からあまり仲が良くありませんでした。そうした2人に決定的な亀裂をもたらしたのは，Bが死亡した際の遺産相続でした。遺産相続でもめた結果，それまでA・Cと一緒に暮らしていたDは家を出て，兄であるCはもちろん，母親であるAとも音信不通になってしまいました。夫（B）の遺産相続で2人の息子がトラブルを起こし，その一方が音信不通。唯一の孫であるFも遠くに住んでおり，思うように逢えない。そうしたストレスから，病気がちになり，満足に働けなくなりました。さらに，配偶者として相続したBの遺産に関しても，資産運用に失敗しました。正直，年金だけでは生活が立ち行かない状況になっています。そんなAにとっての心の支えは，Aの弟であるGの配偶者，つまりAの義理の妹であるHでした。昔から，AとHの仲は良好でした。Gが亡くなった後も，AとHの交流は続いており，月に2度は必ずAの家に来てくれていました。AとHには，お互い配偶者に先立たれたという共通点はあります。他方で，GとHには子供がいない点で，Aとは異なっています。Hの健康状態は良く，また，老後の貯えも十分にあり，日々ボランティア活動を行い，充実した日常生活を送っていました。しかし，近頃は足腰が弱くなり何かと出費が増えたので，義理の姉

Ａに対してこれまで定期的に行っていた資金援助（月々3万円）をやめました。
Ｈからの資金援助を失ったＡは、いよいよ年金だけでは日常の生活が困難に
なり、生活費の貯えが非常に心細くなっていました。そこで、市役所の生活福
祉課に相談に来たというわけです。

## 3　討論用クエスチョン

⑴　市役所の担当者であるあなたは、Ａにどのような対応をすればよいと
　思いますか。

⑵　Ａの扶養義務者は誰でしょうか、扶養義務の順番、その扶養の方法に
　ついて考えてください。

⑶　例えば、ＨがＡに対し、最近の3年間、月々3万円ずつ、合計108万円
　をＡの銀行口座に振り込んでいたとすると、Ｈはこれを誰かに請求す
　ることができると思いますか。

⑷　日本で少子高齢化がますます進んでいった場合、将来、私的扶養にど
　のような問題が生じると思いますか。

## 4　解説・より深く

今回議論した「私的扶養」と「生活保護」について考える際に、押さえてお
きたいポイントがいくつか存在する。

**扶養の程度について**

扶養義務者が困っている人を助けるといっても、その具体的方法はどう決ま
るのだろうか。民法では、当事者の話し合い（協議）で決めることを原則とし
ている。しかし、当事者の話し合いで具体的な方法が決まらないときは、家庭
裁判所が決定するとしている（民法第879条）。その扶養の程度には2種類ある。
夫婦同士の扶養と親の未成熟子<sup>(3)</sup>に対する扶養義務は自分の生活と同程度の生活

を保つ義務を負っており，これを生活保持義務という。これ以外の親や兄弟姉妹，成熟した子に対する扶養義務は，扶養義務者が自分と自分の家族の生活を一定の水準で維持した上で，余力がある場合にその余力の範囲で扶養する義務であり，これを生活扶助義務という。

### 立替扶養料の請求について

　Aが市役所のあなたのところに相談に来たとき，今すぐにでも保護しなければならないような状況の場合は，生活保護が私的扶養に優先するのは当然のことである（生活保護法第4条第3項）。こうした場合，保護の実施機関（社会福祉事務所）は後日，扶養義務者に対して，保護に要した費用の償還を請求できると考えられる（生活保護法第63条，第77条の2）。

　今回の議論の中で，Aの義理の妹であるHがAに月々3万円の援助を3年間行っていた。民法の規定では，予習用資料で述べたように直系血族と兄弟姉妹に扶養義務があり，Hは民法第877条第2項の範囲にいるが，それは，特別の事情<sup>(4)</sup>がある場合に家庭裁判所の審判によって扶養義務を負わされるのであって，Hには扶養義務がなかったと判断できる。したがって，Hは，扶養義務者であるAの子であるCとD，そして，Aの孫であるFに立替扶養料の求償を求めることができると考えるのが一般的である。しかし現実には，C，D，Fのそれぞれにどれだけ請求できるのかは，難しい問題である。

### 生活保護を受けることができる条件

　私的扶養が生活保護に優先することは，予習用資料で説明したが，「生活保護の補足性」についてもう少し詳しく説明すると，生活に困っている人がいる場合，私的扶養だけが生活保護（公的扶助）に優先するのではない。生活保護法第4条第2項は「民法に定める扶養義務者の扶養及び他の法律に定める扶助は，すべてこの法律による保護に優先して行われるものとする」と規定しているのであり，「他の法律に定める扶助」とは，例えば，児童福祉法第20条に定める療育の給付や，身体障害者福祉法第38条に定める更生医療の給付等が挙げ

られる。つまり，生活保護（公的扶助）は私的扶養だけでなく他のあらゆる制度でも助けられない人に対してのみ行われるのである。

## 学習用文献

### ＜書籍＞

- 田山輝明『事例で学ぶ家族法』第5版（法学書院，2019年）
- 中川淳・小川富之編『家族法』第2版（法律文化社，2019年）
- 椋野美智子・田中耕太郎著『はじめての社会保障』第16版（有斐閣，2019年）

【注】
(1) 生存権とは，生存又は生活のために必要な諸条件の確保を要求する権利である（高橋和之他編『法律学小辞典』第5版（有斐閣，2016年）。なお，第1章の学習用文献として紹介しているものである）。
(2) 親族とは，血族に加え姻族（婚姻によって発生する配偶者の血族と自分の血族の配偶者）も含んでいる。
(3) 親から独立して生活する能力に欠ける子（前掲『法律学小辞典』）。
(4) 特別の事情とは，長年同居をしていた場合など親族間の結びつきの強さが求められているといえる。

第 6 章

# 犯罪の成否と故意・過失

## 【刑　法】

　本章では，刑法における犯罪の意味を考えるための素材として，故意と過失について検討する。刑法では，犯人がその結果の発生を意図してその行為を行った場合を故意犯として（故意犯には，その意図した結果を生じさせた場合である既遂犯，そして意図した結果を生じさせなかった場合等である未遂犯がある），そして犯人がその結果の発生を意図したわけではないが不注意の結果として一定の犯罪的な結果を生じさせてしまった場合を過失犯として扱っている。以下では，故意と過失に着目しつつ犯罪成立のための要件についてみていこう。

キーワード：犯罪，故意犯，過失犯，構成要件該当性，違法性，有
　　　　　　責性，刑罰

# 1 予習用資料

「刑法」という言葉は，「犯罪と刑罰についての基本的な法律」という意味で「刑法典」という法律を指して使われる場合が多い（「実質的意味における刑法」と呼ぶこともある）。ちなみにこの刑法典は，1907年に制定された非常に古い法律である（明治40年法律第45号。なお，日本国憲法は1946年11月3日に公布されている）が，現在も，犯罪と刑罰とに関する基本法として重要な地位を占めているといわれている。

刑法では，故意犯処罰の原則を採用している（刑法第38条第1項。以下，断りがない限り刑法の条項を指す）。例えば殺人罪（第199条）や傷害罪（第204条）は，犯人がこれらの犯罪を「犯す意思」を持って行った場合には処罰することを予定している。この「罪を犯す意思」を故意と呼ぶ。その一方で，刑法は，故意のない場合について，その一切を犯罪として扱わないとしているわけではない。上述の刑法第38条第1項但書は，例外的に，過失犯の処罰の可能性を認めている。例えば，過失傷害罪（第209条）や過失致死罪（第210条）等の犯罪がそれにあたる。その他に，特に過失による犯罪としてイメージしやすい犯罪類型に，自動車運転中の過失により他人を死亡させあるいは傷害を負わせた場合を犯罪とする過失運転致死傷罪がある（自動車の運転により人を死傷させる行為等の処罰に関する法律（自動車運転致死傷行為等処罰法）第5条。この犯罪が刑法典ではない別の法律に規定されていることにも着目してほしい）。

> 刑法第38条
>   第1項：罪を犯す意思がない行為は，罰しない。ただし，法律に
>     特別の規定がある場合は，この限りでない。

故意犯処罰を原則とする我が国において，殺人の認知件数は920件，傷害の

認知件数は23,286件である一方，過失運転致死傷の認知件数は45万2,643件である。このことから，我が国の過失運転致死傷等を含む犯罪認知件数136万8,355件のほぼ3分の1を，過失運転致死傷という過失犯が占めていることが分かる。[(1)]

### 故意と過失の刑法上の評価

　上述のように，刑法では，故意犯処罰を原則とし，過失犯は例外的に処罰される。すなわち，犯人に「罪を犯す意思」であるところの故意がある場合には，犯罪（故意犯）として処罰されるが，その意思・意図がないままにした行為によって他人に損害を発生させてしまった場合には，過失犯処罰規定がある場合（例えば第209条，第210条等のように，「過失により……をした者は……」と規定がされているのが一般的である）を除き，処罰されることはない。また，故意犯と過失犯では，他人の死亡や傷害という同じような結果を発生させてしまった場合であっても，そのことを理由として科せられることが刑法上予定されている刑罰（法定刑）に相違がある。例えば，殺人罪（第199条）の法定刑は「死刑又は無期若しくは5年以上の懲役」であるが，過失致死罪（第210条）の法定刑は「50万円以下の罰金」である。また，傷害罪（第204条）の法定刑が「15年以下の懲役又は50万円以下の罰金」であるのに対し，過失傷害罪（第209条）の法定刑は「30万円以下の罰金又は科料」である。

　ちなみに，日本の刑法は，第9条で刑罰の種類を定めている。これは，第9条に規定されている以外の刑を科することはできないことを意味してもいる。刑の重さはこの規定の順序による旨が定められている（第10条第1項）ことから，過失致死罪よりも殺人罪の方が，そして過失傷害罪よりも（故意の）傷害罪の方が，重い刑罰が科せられる重大な犯罪なのである。

### 故意とは

　上述のように「罪を犯す意思」を指すとされる故意は，刑法学の世界では，「犯罪事実の認識・認容」等を意味するとされる。これは，行為者が，①自分

が何を行っているのかを分かっていること（犯罪事実の認識），並びに②その行為によって犯罪結果の発生を望んでいることあるいは少なくとも犯罪結果が生じてしまっても構わないと思っていること（犯罪事実の認容）を指すとするのが一般的な理解である。例えば刑法第199条の場合，行為者における殺人の故意は，①自身が他者に対して殺害といえる行為をしていることを認識し，そして②その行為によって他人に対して死亡という結果が生じることを望んでいる，あるいは他人が死亡してしまっても構わないと認めているということになる。故意には他にも内容があるが，とりあえず，この点を押さえておいてほしい。

## 過失とは

　過失とは，故意でない場合をいう。但し，故意がない場合の一切を意味するわけではない。現在の刑法学の一般的な理解では，過失とは，犯罪事実の認識・認容のないまま，不注意によって一定の作為・不作為を行うこと（注意義務違反）をいうとされている。この過失犯が成立するためには，①行為者に注意義務があったこと，②行為者がその注意義務を怠ったこと，そして③行為当時，行為者が注意義務を履行することが可能な状況にあったことが必要であると理解されている。例えば，上述の過失運転致死傷罪の場合，自動車の運転中の者が，①自動車の運転に際しては他者に傷害や死亡結果を生じさせてはならないという義務（注意義務）があり，②（自動車の運転中にスマホアプリでキャラクター集めに夢中になってしまい，車両前方ではなくスマホ画面を注視していた場合のように）わき見運転をする，赤色信号を見落とす，スピード違反をする等によって，その注意義務を怠り，その結果，他人に死傷結果を生じさせた場合であって，かつその前提として，③その者が運転時に前記①の注意義務を履行して犯罪結果の発生を防止することが可能な状況にあった場合には，本罪が成立することになる。

　なお，行為者に注意義務があったといえるためには，行為者に，自身の行為から犯罪となる結果が発生することを予見できること（結果の予見可能性）を前提として，その結果の発生を予見すべき義務（結果予見義務）があること，並

びにその結果の発生を回避できること（結果発生の回避可能性）を前提として，その結果の発生を回避すべき義務（結果回避義務）があることが必要であるとされているのであるが，これは刑法学の中でも難しい問題であるから深くは追及しない。

　以上の故意と過失とに関する記述を前提として，以下の事例について検討していこう。

## 2　討論用資料

### 借りたお金を返せなかったら，詐欺になるのか？

　大学生である「あなた」は，大学入学後にできた友人Yとの間でちょっとしたトラブルになってしまったと感じています。ある事情から10万円の現金が必要になったあなたは，手持ちがなかったため，Yにその金銭を工面してもらっていました。要するに，あなたはYから10万円を借金したのです。Yに借金を申し込むにあたって，あなたは，「来月にはバイト代が入るから，それで返すから」とYに言い，Yも「来月返してくれるなら……」と思い10万円を手渡したのでした。

　しかし，あなたは予定していた翌月になったにもかかわらず，Yに10万円を返済しませんでした。たまたま大学が夏季休業に入り，Yは実家に帰省してしまい，あなたもアルバイトや，サークル，ゼミの合宿等で忙しく，10万円の返済がうやむやになってしまったのです。そして約束していた「翌月」が過ぎ，翌々月に大学が再開してYと再会したあなたは，Yから借金の返済を強く迫られました。ところが，あなたは，アルバイト代をサークル活動やゼミ合宿の費用として費消してしまい，返済しようにも手持ちのお金がないのです。

　Yは，「前に，先月中に返すと言っていたじゃないか。今すぐに返してくれ

よ」と言ってきました。ですが，手持ちのお金のないあなたは「もうちょっと待ってくれないか」としか言うことができません。そんな「返せ」「もう少し待ってくれ」というやり取りがしばらく繰り返されましたが，とうとうＹは，以下のように言ってきたのです。「これを見てみろ。刑法第246条では，人を騙してお金をとったときには詐欺罪という犯罪になると書いてあるだろう。」Ｙの手には『六法』がありました。そして刑法第246条（詐欺罪）の条文を指さしてあなたに詰め寄ります。

---

**刑法第246条**
　　第１項：人を欺いて財物を交付させた者は，10年以下の懲役に処する。
　　第２項：前項の方法により，財産上不法の利益を得，又は他人にこれを得させた者も，同項と同様とする。

---

「君は僕からお金を借りるときに，その翌月には返せと言っていたじゃないか。だから僕は貸したんだ。これは僕からお金を騙し取るための嘘だったんだな。君がしたことは，僕からお金を騙し取ったことになる。これはここにある通り詐欺という立派な犯罪だろう。今から警察に行く。君がしたことを警察で話して，君に貸した金を返してもらうことにするよ。」

Ｙは警察に行こうとしています。あなたはそれを黙って見ているしかないのでしょうか。あなたはＹの後姿を見つめていましたが，ふとある思いが頭をよぎりました。「あのとき『来月返す』なんて言わなければよかった。最初から『返す』って言わなければ『返さない』のは嘘じゃないから，詐欺にはならないよな。ていうか，刑法って，『黙って騙す』のを推奨しているのか？いや待て，そもそも『返す』って言わなければ貸してくれるわけないか……。あれ？　俺，何考えてんだ？」と。

## 3　討論用クエスチョン

(1)　あなたが「来月には返す」という自分の予定を実現できなかったとき，この「来月には返す」という言葉を用いてお金を借りたことは，Yを騙したことになるのでしょうか？

(2)　Yが，「来月には返す」という言葉を信じてあなたにお金を貸し，そしてあなたが約束の時になってもそのお金を返済しなかった場合，Yは騙されたことになるのでしょうか？

(3)　あなたがYからお金を借りるためにYに対して「来月には返す」と言ったその時に，あなたにはYからお金を騙し取る意図はあったのでしょうか？

(4)　あなたの頭によぎったように，もし，「返す」と言わずにYからお金を借りることができたとしたら，詐欺にはならないのでしょうか？

(5)　警察に行こうとしているYを，あなたは黙って見ているしかないのでしょうか？　あなたはどう行動できると考えますか？

## 4　解説・より深く

　前記のようなあなたの行為が詐欺罪にあたるかを考えるために，刑法における犯罪成立のための条件について検討してみよう。

### 刑法における犯罪成立の条件についての一般的理解

　我が国の刑法において犯罪が成立すると判定するためには，原則として，①構成要件該当性，②違法性，及び③有責性が必要であると考えられている。①の構成要件該当性は，その行為が犯罪について規定する条文が定めている犯罪成立の条件にあてはまるかどうかを検討する段階であり，②の違法性は，その行為が社会の法秩序に反するようなものであったといえるかを検討する段階で

ある。社会の法秩序に反するとはいえない場合は違法性がないとされ，犯罪は成立しない。例えば，正当防衛等の場合がこれにあたる。こうした事情を「違法性阻却事由」と呼び，違法性の有無の判断においては，この違法性阻却事由の有無が検討される。そして，③の有責性は，その行為を行ったことについて行為者にその責任を追及できるかを検討する段階である。行為者が行為時にどのような状況にあったのかから，その責任を追及できるかを判定する。例えば，行為者が行為の際に自分が行っていることの是非善悪を弁別できず，またはその弁別に従って自らの行動をコントロールすることができなかったときは，その責任を追及することはできない。こうした状況を「心神喪失」と呼ぶ。

### あなたの行為は詐欺罪になるのか？

　あなたの行為が詐欺という犯罪であるといえるかどうかを判定するにあたっては，まず，刑法第246条の条文に基づいて，上記①の構成要件該当性の有無を検討することになる。そして構成要件該当性があると認められた場合には，上記②の違法性が検討され，違法性が認められた場合には，更に上記③の有責性が検討される。ただし，今回の事例では，②の違法性と③の有責性は問題とせずに，①の構成要件該当性のみを問題とする。

　刑法第246条第1項は，Yが示したように「人を欺いて財物を交付させた」場合に詐欺罪が成立するとする（Yは「第246条」としか読んでいなかったが，今回は「第246条第1項」が問題となっている）。詐欺罪の構成要件該当性を検討するにあたっては，あなたの行為が詐欺といえるものであるか（実行行為），Yに被害が生じているか（結果），そしてあなたの行為からその被害が生じたのか（因果関係）が確認される。具体的には，「人（自分以外の人・他人，本事例ではY）を欺いて財物を交付させた」といえるかどうかを確認していく。あなたがYを欺いてYの財産を交付させてそれを自分のものとしたといえるためには，①あなたがYを騙したといえるかどうか（「翌月には返すから10万円貸してくれ」と依頼をしたことがYを騙したことになるのか），②あなたの行為によってYが騙されたといえるかどうか（「来月には返す」というあなたの言葉を信じたYが「翌月」

には返済されると「誤信」して10万円を貸そうと決心したのか）、③Ｙが騙されたことによって自分の財産（現金10万円）をあなたに渡した（交付した）といえるかどうか、そして④Ｙの財産が実際にあなたのもとに渡ったといえるかどうか、という４つの段階を検討してく。今回のあなたの行為は、それだけをみれば、①から④にあてはまるように思えなくもない。なぜなら、①あなたは「翌月に返す」と言ってＹが自分に10万円を貸してくれるように仕向け、②あなたの言葉を信じたＹは、「翌月」には返済されると思い込んで、10万円をあなたに貸すことを決意し、③実際にＹはあなたに10万円を手渡し、そして④あなたはＹからその10万円を受け取って自分のものにした、とみることができるからである。

　では、今回のあなたの行為には、刑法第246条第１項の構成要件該当性が認められるのであろうか。その際に併せて考えてもらいたいのは、あなたには、「Ｙを騙してＹから10万円の現金を奪い取ってやろう」という意図があったのかということである。すなわち、詐欺罪の故意の問題である。事前学習でも紹介したように、我が国の刑法には、「故意犯処罰の原則」があり、刑法で規定されている犯罪の多くは故意犯として行われた場合に限り処罰することが予定されている。そして詐欺罪を規定する第246条についても、この原則が妥当する。すなわち、詐欺罪は、故意犯に限り、処罰されるのである。今回の事例において、あなたには、詐欺という犯罪をする故意があったのであろうか（なお、刑法学の世界では、詐欺罪等の奪取罪といわれる他人の財産を奪い取る犯罪が成立するためには「不法領得の意思」という、故意以外の犯人の意思が必要であると考えられているが、今回は、それについては言及しない）。

### 刑法は「体験したくない」法律？──刑法が存在する意味

　この「４　解説・より深く」をここまで読んできたあなたは、「刑法ってのは面倒な法律だな」と感じたであろう。あなたのその感覚は、おそらく、多くの人から賛同を得られるであろう。なぜなら、刑法は、「面倒な法律」だからである。では、何が面倒なのかを改めて考えてみよう。

今回，あなたの行為がYに対する詐欺になるかどうかを検討してきた。まず，あなたの行為が第246条第1項の構成要件に該当するか，を確認するにあたって，あなたの行為が詐欺といえるものであるのか，Yに財産的な被害が生じたのか，そしてあなたの行為を原因としてYの被害という結果が生じたのかを検討した。具体的には，あなたがYを騙したのかどうか，Yは騙されたのかどうか，Yの財産はあなたに渡されたのかどうか，そしてあなたはその財産を自らのものにしたのかどうかを確認しなければならなかった。その上で，その行為の際にあなたには詐欺罪の故意があったのか（並びに不法領得の意思があったのか）を確認する必要があるのである。これだけ細かくあなたの行為を分析　確認することで，あなたの行為について詐欺罪の構成要件該当性があるといえるかどうかという問題を判断することになる。ちなみに，既述の通り，構成要件該当性が認められると判断された場合には，違法性，次いで有責性が認められるかを判断する必要がある。これだけ多くの事項を確認して初めて，あなたに詐欺罪が成立するということができるとするのが，刑法の基本的な立場であるといってよい。

　なぜ，こんなにも「面倒な」ことをしなければならないのであろうか。あなたはすでに気づいているであろうが，ある人が詐欺罪という刑法上の犯罪をしたと認められたときには，その人には刑罰が科せられるからである。法律の多くは，一定の条件（要件）がそろった場合に，一定の結果（法的効果）が生じるという関係を定めている。刑法は，犯罪という条件がそろったときは，刑罰が科せられるという結果が生じる，という関係を定めている（こうした関係を定めることで我々の権利・利益について規定する法律のことを「実体法」と呼ぶ）。刑罰には，上述の通り，死刑，懲役，あるいは罰金等がある（第9条）が，これらは，それぞれ，犯罪の成立が認められた者の生命，（身体的移動の）自由，あるいは財産が制限されることを意味している。詐欺罪についていえば「10年以下の懲役」に処せられる可能性がある（第246条）ので，10年を上限として刑事施設（刑務所）に収容されて身体的な移動の自由が制限される。ちなみにそこでは「所定の作業」に就かなければならない（第12条第2項）。

　これら刑罰は，我々が日本国憲法を通して保障されているはずの生命，自由，財産等の基本的人権に対する重大な制約となり得るといえる。こうした不利益を科せられるがゆえに，その可能性がある行為（犯罪）がなされたかどうかは慎重に判定される必要がある。その判定のための方法として刑事裁判があり，そこでの手続については刑事訴訟法という法律によって定められている（刑事訴訟法等の法律は，我々の権利・利益の帰属を判定するための手続を定めた「手続法」であり，上述の「実体法」と対になる概念である）。いいかげんな判定によって刑罰を科せられることは，重大な人権侵害につながるがゆえに，許されることではない。かつて，刑法や刑罰が国民を支配するための道具として用いられた時代があった。例えば，絶対王政期の西欧諸国や太平洋戦争期の日本は，国家体制に反対する者を弾圧し「排除」するための手段として刑法を用いていた。こうした経験から，現代の民主主義国家では，国家が国民の自由に介入できる機会をできるだけ限定し，かつその機会を民主的なコントロールの下に置くことが意識されるようになった。そこで，犯罪が成立する場合を法律によって厳格に規定し，それ以外の行為については国家が刑罰を用いて介入することはできないとすることで，我々の社会生活上の権利・自由の保障が実現されているのである。これが，刑法という法律が，「面倒な」と評されるほどに緻密な過程を経て犯罪の成否を判定することの意味の一部なのである。刑法は，犯罪と刑罰を予告することで，犯罪が行われないように犯罪から我々を守るとともに，刑罰が科せられる場面を法定することで不当な刑罰から我々を守っているともいえるのである。

## 学習用文献

### ＜書籍＞

- 井田良『基礎から学ぶ刑事法』第 6 版（有斐閣，2017年）
- 船山泰範編著『Next 教科書シリーズ　刑事法入門』（弘文堂，2014年）
- 井田良『法学教室 Library 入門刑法学総論（第 2 版）』（有斐閣，2018年）

- 井田良『法学教室 Library 入門刑法学各論（第2版）』（有斐閣，2018年）
- 裁判所職員総合研修所監修『刑法総論講義案（四訂版）』（司法協会，2016年）

【注】

(1) データは全て2017年のものである（出典：法務省法務総合研究所編『平成30年版犯罪白書』法務省ウェブサイト　http://hakusyo1.moj.go.jp/jp/65/nfm/images/full/h1-1-1-02.jpg　2019年3月7日アクセス）。

# 第7章

# 犯罪と刑罰に関する様々な法律

## 【刑　法】

　我が国において犯罪が行われた場合，刑法によって処罰の対象となると考えるのが一般的である（第6章参照）が，近時，犯罪といえるかが必ずしも明確ではない方法によって，人の安全や利益が侵害される事例が発生している。こうした場合に刑法をただちに適用することは，刑罰が我々の基本的人権に重大な制約を加えるものであるがゆえに，慎重である必要がある。他方，こうした態度にこだわりすぎると，刑法によって我々の権利・利益が保護されなくなり，かえって我々の社会生活が維持できなくなってしまう。こうした場合において，刑罰法規はどのような対応を準備しているのかをみていこう。

キーワード：刑罰法規，ストーカー，ストーカー規制法，SNSと
　　　　　　犯罪

# 1 予習用資料

## 「刑法」のいろいろ

　犯罪と刑罰について規定する法律は，第6章で勉強した「刑法」に限定されない。例えば，第6章で紹介した「自動車運転致死傷行為等処罰法」も，自動車運転という領域で行われる犯罪とそれに対する刑罰を定める法律である。第13章で「体験」する独占禁止法や金融商品取引法等も，特定の経済活動を規制する範囲で犯罪と刑罰を定める。こうした法律は，刑法典ではカバーできない領域の犯罪と刑罰を規定することで，刑法典では足りない部分を補っている。他方，道路交通法や覚せい剤取締法等の法律も，犯罪と刑罰を規定している。道路交通法は安全かつ円滑な道路交通の実現を，そして覚せい剤取締法は覚せい剤という薬物の適正な製造・流通・使用等を，それぞれ目的とする法律である。これらの行政上の目的を実現するための方法の一部として，一定の行為を犯罪とし，それに違反した場合に刑罰を科する旨を規定している。これらの法律は，刑法典や自動車運転致死傷行為等処罰法のように犯罪と刑罰を規定することを主たる目的としているのではなく，法律がその目的を達成するために犯罪と刑罰とを用いているのである。

　刑法学の世界では，刑法典を「一般刑法」と，そしてそれ以外の犯罪と刑罰を定める法律を「特別刑法」と呼ぶことがある。この特別刑法は，一般刑法を補充することを目的とした「狭義の特別刑法」と，行政目的を達成する方法の一部として犯罪と刑罰とを利用する「行政刑法」（行政刑罰法規）とに分けられる（表7-1）。これらの法律をすべてまとめて，「犯罪と刑罰に関する法」という意味で「刑法」あるいは「刑罰法規」と呼ぶことがある。

## ストーカー規制法と刑法

　上述のように，犯罪と刑罰に関する法としての刑法には様々なものがあるが，近年では，これらの刑罰法規による犯罪への対応の在り方に変化がみられる。

表7‐1　「刑法」という言葉のイメージ整理

| 刑罰法規・刑法 | 一般刑法（実質的意味における刑法）＝刑法典 | |
|---|---|---|
| | 特別刑法 | 狭義の特別刑法<br>例）自動車運転致死傷行為等処罰法<br>　　独占禁止法<br>　　金融商品取引法　等 |
| | | 行政刑法（行政取締法規）<br>例）道路交通法<br>　　覚せい剤取締法　等 |

出典：筆者作成

　以下では，その一例として，ストーカー行為等の規制等に関する法律（以下，「ストーカー規制法」という）等によって採用されている方法等について概観してみよう。

　ストーカー規制法は，ストーカー行為の規制並びに被害者に対する援助の措置等について規定する法律であり，規制対象となるストーカー行為を定め（ストーカー規制法第2条第1項及び同条第3項。以下，断りがない限り同法の条項を指す），同行為を禁止し（第3条），そしてストーカー行為をした者（ストーカー行為者）を処罰する（第18条）。他方で同法は，ストーカー行為者に対する「警告」及び「禁止命令等」について規定する（第4条，第5条）。

**ストーカー規制法による規制の方法**

　ストーカー規制法は，恋愛感情やその結果として生じた怨恨の感情に基づいて他人につきまとう等の行為で，ただちに犯罪とまではいうことができないが，相手方の社会生活に著しい困難を生じさせるような行為として「つきまとい等」を定めている（第2条第1項）。具体的な内容は，以下の通りである。

　(1)　つきまとい，待ち伏せし，進路に立ちふさがり，住居，勤務先，学校その他その通常所在する場所（以下「住居等」という。）の付近において見張りをし，住居等に押し掛け，又は住居等の付近をみだりにうろつくこと。

(2) その行動を監視していると思わせるような事項を告げ，又はその知り得る状態に置くこと。

(3) 面会，交際その他の義務のないことを行うことを要求すること。

(4) 著しく粗野又は乱暴な言動をすること。

(5) 電話をかけて何も告げず，又は拒まれたにもかかわらず，連続して，電話をかけ，ファクシミリ装置を用いて送信し，若しくは電子メールの送信等をすること。

(6) 汚物，動物の死体その他の著しく不快又は嫌悪の情を催させるような物を送付し，又はその知り得る状態に置くこと。

(7) その名誉を害する事項を告げ，又はその知り得る状態に置くこと。

(8) その性的羞恥心を害する事項を告げ若しくはその知り得る状態に置き，その性的羞恥心を害する文書，図画，電磁的記録に係る記録媒体その他の物を送付し若しくはその知り得る状態に置き，又はその性的羞恥心を害する電磁的記録その他の記録を送信し若しくはその知り得る状態に置くこと。


　これらの行為が実際に繰り返されたときに，それは「ストーカー行為」になる。つきまとい等をすることは禁止されており（第3条），これに違反してストーカー行為を行った場合には，刑罰（1年以下の懲役又は100万円以下の罰金）により処罰される（第18条）。

　また，同法は，ストーカー行為を規制する方法を刑罰のみに限定しているわけではない。刑罰によらない方法として，「警告」あるいは「禁止命令等」による規制を定めている。警告は，つきまとい等を受けている相手方からの申出に基づいて，警察が行為者に対して，さらにその行為を繰り返してはならない旨を警告するものである（第4条）。禁止命令等は，都道府県公安委員会が，ストーカー行為を受けている相手方からの申出，もしくは公安委員会の職権に基づいて，行為者に対し，さらにその行為を繰り返してはならない旨を命じるものである（第5条）。なお，禁止命令等に違反した場合には，行政命令違反（2

年以下の懲役又は200万円以下の罰金）として処罰される（第19条第1項）。

　以上が，ストーカーへの，我が国の法的対応の概要である。ここまでの理解を前提として，以下の事例について検討していこう。

## 2　討論用資料

### 「友だち」でいたかったあなた

　「あなた」は，学校に入学して新しい生活を始めるにあたり，より広い世界の人たちと知り合いたいと考えました。その方法の一つとして，自分のSNSで，プロフィールや自分の写真，さらには近況等を投稿し，すべての人に公開することとしました。公開する範囲が広ければ，それだけ多くの人と知り合うことができると考えたからでした。当初は，それほどリアクションが得られたわけではありませんでしたが，あなたが投稿を続けていくと，少しずつですが，あなたの投稿を見た人たちから様々なコメントやメッセージが寄せられてくるようになり，あなた自身もその寄せられたコメントやメッセージを楽しく読んでいました。そして寄せられたコメントやメッセージを読むたびに，より多くの人たちと知り合い，自分を知ってもらえているという嬉しさを感じていたのです。

　あるときあなたは，自分のSNSに寄せられたあるメッセージに注目しました。投稿者はAを名乗り，あなたがこれまでに投稿してきたコメントや写真がA自身にとってとても共感できる，これからもあなたの投稿を楽しみにしている等の言葉が添えられていました。これを読んだあなたは，Aに対してお礼とともにこれからも投稿をしていくのでコメントやメッセージを送ってほしい旨を返信しました。あなたは，SNSを通して知人を増やすことができ，また世界が広がったと思うと，嬉しくなりました。その後も少しずつですが寄せられるコメントやメッセージが増えていくようになり，SNSを通して自分が多くの人たちとコミュニケーションをとることで，自分の世界が広がってい

ると感じていました。

　そんな中で，あなたはAから突然，自分と交際してほしい旨のメッセージを受け取りました。そこには，これまでのあなたのSNSの投稿記事をすべて読み，あなたの感性が自分とピッタリであること，あなたがどれほど素晴らしい人間であるか分かっていること，そんなあなたには自分（A）がふさわしいこと等が添えられていました。当初あなたは，せっかく知り合えたのだからと「これからも投稿しますから是非読んでください」等の適当な返事をしていましたが，Aはその後もあまりにもしつこく交際を申込むメッセージを送ってくるようになりました。そこで，あなたは「迷惑ですので，もうメッセージしてこないでください」という返事を送りました。

　その直後から，Aの態度は急変しました。脅迫的な言葉が並べられたメッセージが次々と送られてきたり，あなたを誹謗中傷するような内容の投稿がされたりするようになってきたのです。あなたは，あえてAからのコメントには反応せず，少し様子を見ようと思い，静観することにしました。ところが，Aの投稿内容は「自分の気持ちが分からないあなたには人間性が欠落している」，「あなたは人の気持ちを分かろうとしないとんでもない人でなしだ」，あるいは「あなたのような人間がいることは社会にとって損失でしかない」等，個人攻撃のようになり，しかもその内容が次第に過激になっていくように感じられます。自分で立ち上げ，周囲からのコメントやメッセージをとても楽しみにしていたはずなのに，次第にSNSへの投稿が苦痛になってきました。ついには，「お前の住んでる場所は分かっているんだ」，さらには「人でなしには自宅に直接攻撃をしに行くしかない」等のメッセージが送られてきました。そこにはあなたの住所と自宅写真が記載されていました。あなたは恐怖心を覚え，自分のSNSのアカウントを削除し，自宅の引っ越しを検討することになってしまいました。

## 3　討論用クエスチョン

(1) A が，あなたに対する好意から行った交際の申込みから，あなたが SNS を閉鎖するまでに，あなたに対して行った行為を整理してみてください。

(2) 上記(1)で整理した A の行為は，それぞれ，ストーカー規制法に定められた「つきまとい等」や「ストーカー行為」といえるでしょうか？　A の行為が「つきまとい等」や「ストーカー行為」といえるためには，具体的にどのような方法で行われる必要があるでしょうか？

(3) 上記(2)とは逆に，A があなたに対して行った行為が「つきまとい等」や「ストーカー行為」にならないとするためには，それらの行為はどのように行われる必要があるでしょうか？

(4) ストーカー規制法で規定されている「警告」や「禁止命令」は，刑法の暴行罪，強要罪，脅迫罪等では規定されていません。こうした相違があるのは何故でしょうか？

(5) あなたが A の「つきまとい等」や「ストーカー行為」をやめさせるべく警察や公安委員会に警告や禁止命令を出したもらうためには，あなたは何をする必要があるでしょうか？

## 4　解説・より深く

　今回のストーカー犯罪が成立するかどうかの議論は，ある行為が個別具体的な犯罪成立要件を満たすかどうかを確認することを通して，「ある事実が法律の規定にあてはまるといえるかどうか」を自分なりに考察するために有益といえる。以下では，今回の A の行為がストーカー規制法第 2 条第 3 項にいうストーカー行為にあたるかどうかを検討してみよう。

### Aの行為を整理してみると……

まず，今回のAとあなたとの行為について整理してみよう。Aは，あなたに対して，SNSを通して，交際を申込んだが，それはかなわなかった。Aは，その後も繰り返し，交際を申込んできたが，やはり，それがかなうことはなかった。結果，Aは，自身のあなたに対する好意が満たされないことにより生じた怨恨の感情に基づいて，次第に攻撃的なメッセージ等を投稿するようになった。そしてあなたは，自身に対して攻撃の意思があるかのように読み取れるメッセージを送り付けられ，自分の生命・身体，SNSを含む日常生活，あるいは住居の平穏等に対する恐怖心を持つようになり，その行動が制約されることとなった。

### Aの行為にストーカー規制法をあてはめてみると……

あなたに交際を申込んだAは，あなたに対して有していた好意が怨恨に変化し，その怨恨を充足させる目的で，あなたに対して，拒絶されているにもかかわらず，繰り返しメールの送信等を行ってきたということができる（第2条第1項第5号）。ここでSNSへのコメント・メッセージの送付が「メールの送信等」にあてはまるのかという疑問が生じるが，ストーカー規制法ではメールの送信等にはSNSへの書き込み等が含まれるとされている（第2条第2項）。また，Aの「……自宅に直接攻撃をしに行く……」等の言葉は，「著しく粗野又は乱暴な言動」にあたる可能性がある（第2条第1項第4号）。以上から，Aの行為は，第2条第1項にいう「つきまとい等」にあたる可能性がある。

さらに，Aは，あなたが日常生活に不安を覚えるような方法で，上述の「つきまとい等」を繰り返し，すなわち「反復して」行っているため，第2条第3項にいう「ストーカー行為」と言えそうである。

### ストーカー規制法による対応は……

上記のとおりストーカー行為を行ったAは，第18条によってストーカー行

為罪として処罰される可能性がある。そこで注目してもらいたいのは，ストーカー行為といえるためには，つきまとい等の行為が「身体の安全，住居等の平穏若しくは名誉が害され，又は行動の自由が著しく害される不安を覚えさせる方法」によって行われることを要するという点である。これは，つきまとい等の相手方であるあなたがどのように感じているかが考慮されるということを意味している。

　ストーカー行為の相手方の意思が考慮されていることは，ストーカー規制法に定められている「警告」や「禁止命令等」においても同様といえる。警察が警告をするかどうか，あるいは公安委員会が禁止命令等を発するかどうは，相手方の申出に基づくことが予定されている（第 4 条第 1 項，及び第 5 条第 1 項。なお，禁止命令等については，公安委員会が職権で発することが可能である）。

　もちろん，ストーカー被害を受けている旨を警察等に申告してくるのは主に相手方であるから，そもそもストーカー規制法による対応がとられるかどうかは相手方の意思にかかっているといえる。しかし，被害を申告した相手方のその後の意思によって，同法による対応は変わってくる。すなわち，相手方が，行為者につきまとい等やストーカー行為をやめてもらいたいが，それ以上の対応は望んでいない場合，ストーカー規制法に規定されていない，警察が一般的に行い得る警告や，ストーカー規制法上の警告（これらの警告によって，こうした行為の多くは行われなくなるといわれている），あるいは公安委員会による禁止命令等が発せられる。禁止命令は，これに違反したときに刑罰の対象となるので，さらなるストーカー行為の繰り返しの抑止にとって有益と考えられている。そして，ただちに行為者を処罰してほしいと相手方が望めば，ストーカー行為罪によって処罰されることになるのである。なお，ストーカー行為が脅迫罪や強要罪等の刑法上の犯罪として行為者が検挙される場合もある。

　近時，犯罪といえるかが明確ではないが，それをされた人の社会生活を困難にさせるような行為について，この行為を行ったことを理由にただちに刑罰を科するのではなく，その行為を行わないように行政機関を通して働きかけるという規制方法を用いる立法例がある（今回検討したストーカー規制法の他にも，い

わゆる暴力団対策法の再発防止命令等もこれにあたる。関心のある人は調べてみてほしい）。こうした規制方法は，その行為の今後の反復を防ぐことそして刑事裁判による慎重な手続を経るものでないため迅速に実行されることが期待できる。また，そのための手続も法定され，それに不服がある場合には裁判所による審査も可能であり，我々の社会生活上の利益を守る方策の一つとして有益といえる。他方，常に濫用による不当な人権侵害の可能性もつきまとう。こうした法制度が，どこでどのように用いられているのか，犯罪から，そして不当な権力の行使から自分自身を守るためにも，確認していくことには重要な意味がある。

### ストーカー被害に遭わないために……「体験したくない法学」？

今回の事例はあくまでも架空のものであるが，実際にこうしたストーカー（今回は「ネットストーカー」とも呼ばれる）事件は多数発生しているといわれている。今回のあなたの場合，投稿内容の公開範囲が「すべての人」となっていたこと，コメント・メッセージを誰からでも受け付ける設定になっていたこと，さらにはSNSで公開している投稿や写真に位置情報が付加されていたこと等の要因があって，ストーカー行為がエスカレートしていったと考えられる。

こうしたストーカー行為は，SNS上のものにとどまらない可能性がある。事例のAはあなたの自宅住所を特定しており，実際にあなたの自宅にまで押しかけ，あるいはあなたにつきまとい，場合によってはあなたに危害を加える等，ネット上から実世界でのストーカー行為に移行する場合も考えられる。今回の事例のようにストーカー被害を「体験しない」ためにも，SNSの投稿範囲，コメントやメッセージの受付，位置情報の付加等の設定には十分留意する必要がある。そしてそのことは，他人にストーカー行為を「体験させない」ことにも繋がるといえるのである。何気なく行うSNSへの投稿という行動が日常生活に及ぼす影響等については，第2章でも「体験」してきた。本書の二つの章でSNSを取り上げているのは，「それでもSNSをやる覚悟があるか？」を問うているのではない。SNSというコミュニケーション・ツールの陰陽両面を認識したうえで，節度を持って楽しく活用してもらいたいということであ

ると考えてもらいたい。

## 学習用文献

### ＜書籍＞

- リンデン・グロス著・秋岡史訳『ストーカー──ゆがんだ愛のかたち』（祥伝社，1995年）
- 清水潔『遺言──桶川ストーカー殺人事件の真相』（新潮社，2000年）
- 藤本哲也『犯罪学の窓』（中央大学出版部，2004年）
- 高橋則夫編著『ブリッジブック刑法の考え方（第3版)』（信山社，2018年）
- 川崎友巳『犯罪タイポロジー──犯罪の類型学』（成文堂，2010年）

# 第8章

# 株主総会における株主の権利行使

## 【商法・会社法】

　　商法は，一般に企業に関する基本的なルールを定めたもの（企業法説と呼ばれる通説）として位置づけられてきた。企業の中で最も広く利用されてきた会社についても，商法が規律していた。しかし，平成17年改正により，会社に関する規定は商法から独立して，新たに「会社法」という別の法典が制定された。この章では，会社法に関するテーマの事例として，「株主総会における株主の権利行使」の問題について検討する。株主総会は，株主を構成員とする会社の最高意思決定機関である。株主としてどのような権利を行使できるかについて，想定される事例に基づいて考えてみよう。

　キーワード：株主総会，議決権，株主提案権，利益供与禁止

## 1　予習用資料

### 株主総会で意思決定できる事項

　株主総会とは，株式会社の意思を決定するための会議体であり，すべての株式会社は必ず株主総会を置かなければならない（会社法第295条・第326条）。株主総会での意思決定は，株主の議決権の行使によって行われる。株主総会で意思決定できる事項，つまり株主が議決権を行使できる事項は，その会社が取締役会を設置するかしないかで大きく異なる。

　取締役会を設置しない（非取締役会設置会社）場合は，株主総会は会社の組織，運営，管理その他の一切の事項について決議することができる（会社法第295条第1項）。非取締役会設置会社は，一般に小規模で株主と取締役の関係が近く，言い換えれば，所有と経営の分離が進んでいない会社であり，株主総会が万能な機関とされている。

　取締役会設置会社では，所有と経営の分離がより進み，経営事項に関しては，取締役会が決定する。株主総会は，会社法および定款で定める事項に限り決議できる（会社法第295条第2項）。会社法は，会社の基礎的な重要事項，例えば取締役の選任（会社法第329条第1項）や剰余金の分配（会社法第454条第1項）などを株主総会で決定するとしている。つまり，会社法は，実質的所有者である株主による会社の基本的意思決定への参加を保障しているのである。

### 株主総会での議決権の行使

　株主総会では株主は原則として1株につき1議決権を有し（一株一議決権の原則，会社法第308条第1項），議決権を行使することができる株主の議決権の過半数を有する株主が出席して，出席した株主の議決権の過半数の賛成が可決の要件になる（普通決議，会社法第309条第1項。例えば，取締役の選任など）。株主の地位や利益に大きく影響を及ぼす事項（例えば，定款変更など）については，出席株主の議決権の3分の2以上の賛成が可決の要件になる（特別決議，会社法第

309条第2項）。したがって，株式を多数保有している大株主ほど決議に際して
その影響力を行使できることになる。

　議決権の行使は，株主が株主総会に出席して行使することが原則であるが，
以下の方法での行使も認められている。

① 　議決権行使書面に賛否を記載し，会社に提出して議決権を行使する（書
　面投票，会社法第298条第1項第3号）。書面投票制度は，株主が1,000人以
　上いる会社には適用が強制される（会社法第298条第2項）。
② 　代理人によって議決権を行使する（議決権の代理行使，会社法第310条第1
　項前段）。この場合においては，当該株主または代理人は，代理権を証
　明する書面を株式会社に提出しなければならない（会社法第310条第1項
　後段第3項第4項）。
③ 　会社の承諾を得て，議決権行使書面に記載すべき事項を電磁的方法によ
　り会社に提供して議決権を行使する（電子投票，会社法第298条第1項第4
　号・第312条第1項）。例えば，会社指定のサイトにログインして投票する
　方法である。

## 株主提案権

　株主提案権とは，株主が，株主総会の場において，議題や議案などを提案す
る権利である。株主提案権には，会社法上，①一定の事項を株主総会の目的
（議題）とするよう請求する権利（議題提案権，会社法第303条），②株主総会で議
題とされている事項について議案を提出する権利（議案提案権，会社法第304条），
③提出しようとする議案の要領を株主に通知するよう請求する権利（議案の通
知請求権，会社法第305条）の3種類がある。ここでは，議題と議案の区別に注
意してほしい。議題とは会議の目的事項（例えば「取締役3人選任の件」）であり，
議題についての具体的な案（例えば「甲を取締役に選任する件」）が議案である。
　上場会社などの取締役会設置会社の場合，議題提案権および議案通知請求権
は，総株主の議決権の1％以上の議決権，または300個以上の議決権を6カ月

以上保有する株主に限り，株主総会の日の8週間前までに行わなければならない。複数株主の議決権数を合算することによって要件を充足している場合には，当該複数株主による共同提案として請求できる。

### 株主の権利行使に関する利益供与の禁止

会社法第120条第1項は，株式会社は，何人に対しても，株主の権利の行使に関し，財産上の利益の供与（当該株式会社又はその子会社の計算においてするものに限る）をしてはならないとしている。いわゆる利益供与禁止規定である。この規定は，株主として株主総会に出席資格を有することを利用し，総会の議事進行に関し，会社がお金をくれれば会社に協力し，会社がお金をくれなければ会社を攻撃するという行動に出ることにより，会社から株主配当金以外の金銭を収得しようとするような者（いわゆる総会屋）を排除することで，会社財産の浪費を防止するために設けられたものである。

利益供与禁止規定に違反して会社から財産上の利益を受けた者は，その利益を会社に返還しなければならない（会社法第120条第3項）。また，利益を供与した取締役および利益供与の取締役会決議に賛成した取締役も，会社に対して利益を受けた者と連帯して供与した利益に相当する額を支払う責任を負う（会社法第120条第4項）。さらに，株主の権利の行使に関する利益供与の罪として，会社法第970条に刑事罰が定められている。

利益供与禁止規定は，主として会社から総会屋への資金の流れを絶つために設けられた規定であるが，会社経営の健全性確保，会社財産の浪費防止，株主平等などが立法趣旨であり，総会屋に対する利益供与だけではなく，広範な場合を対象とする禁止規定となっている。例えば，以下の事例のように，株主優待制度や議決権行使に対する粗品の進呈においても問題となる可能性がある。

## 2　討論用資料

### 株主総会での権利行使

大学生の「あなた」は，去年6月に上場会社である大手牛丼チェーン店の運営会社A社の株主になりました。そのきっかけは，店内のポスターで株主優待制度を知ったことでした。その優待制度は，半期毎に，100株〜999株の株主に10枚，1,000株〜1,999株の株主に20枚，2,000株以上の株主に40枚の300円サービス券を進呈するという内容でした。つまり，年に2回株主優待があり，100株を持っていれば，年間6,000円の優待がもらえます。外食で牛丼を食べることが多く，株主優待券が使えれば，タダ飯を食べられる感覚になり得した気分になるため，自分もほしいと思いました。早速ネットで証券会社の口座を開設し，バイトで貯めた20万円で，A社株100株を購入しました。あなたは，その購入画面を見ながら「株主になると，この前食べた期間限定メニューを常設にすることをお願いする権利がついてきたりするのだろうか……」ということを考えたりしました。

先日，A社から，株主総会の招集通知，議決権行使書面および「議決権行使のお願い」文書が届きました。その文書には，議決権を行使した株主1名につきサービス券1枚（500円）を贈呈する旨とともに，［重要事項］として，会社側（取締役会）提案に賛同のうえ議決権を行使することを求める旨（太字，下線および傍点で強調されている）が記載されていました。実はその前に，A社の創業者からも，経営陣の刷新を内容とする株主提案への賛成を求める委任状用紙が届きました。A社の経営体制を巡る創業者と現経営陣の対立は，株主の委任状争奪戦に発展したのです。

株主総会当日，あなたは病気で入院中のため，恋人を代理人として出席させました。しかし，会場受付において，A社の担当者は，A社の定款に「株主

は，当会社の議決権を有する他の株主のみを代理人として，議決権を行使することができる」旨の規定があることを理由に，A社の株主ではないあなたの恋人による代理出席を拒絶しました。株主総会においては，会社側の提案は大多数の賛成で可決され，株主側の提案はすべて否決されました。

　なお，A社では，議決権行使を条件とするサービス券の贈呈は，今年初めて行われたものです。今年の議決権行使率は，例年より20％増加しました。また，会社提案に賛成として取り扱われる白紙の議決権行使書が相当数返送されています。返送された議決権行使書には，サービス券を要求する記載のあるものも存在します。

## 3　討論用クエスチョン

(1) あなたは，以前食べたA社の期間限定メニューが美味しいと思い，株主総会においてそれを常設メニューにするよう提案したいと考えていますが，これは可能でしょうか？

(2) A社の株主優待制度は，会社法第120条第1項の利益供与禁止規定に違反すると思いますか？

(3) A社が議決権を行使した株主にサービス券を贈呈することは，会社法第120条第1項の利益供与禁止規定に違反すると思いますか？

(4) 会社法第310条第1項では議決権の代理行使が認められているにもかかわらず，A社が株主ではないあなたの恋人による代理出席を拒絶したことについて，あなたはどのように考えますか？

## 4　解説・より深く

### 株主提案権の範囲

　株主提案権が会社法上認められることを根拠に，必ずしも株主総会で意思決

定できる事項以外の提案が認められるわけではない。前述したように，取締役会設置会社においては，株主総会は会社法および定款で定める事項に限り決議できる。したがって，提案された議題が会社法所定事項でなく，当該会社の定款所定事項でもない場合には，当該提案は無効である。

　この事例においては，A社は取締役会設置会社であり，株主総会で意思決定できる事項は会社法および定款所定事項に限定される。メニューの設定は，会社の事業経営に関する事項であり，会社法所定事項ではないが，A社定款所定事項であるならばこの提案も可能である。なお，仮にメニューの設定が定款所定事項であっても，株主総会において議題として提案するには，持株数・保有期間の要件を満たす必要がある。

### 株主優待制度と利益供与

　株主優待は，個人投資家にとって株式投資の一つの魅力となっており，株主優待をきっかけに投資に興味を持ち始めた投資家も一定数存在すると考えられる。企業にとっては株主優待を実施することで個人株主の増加につながり，自社製品を交付する場合にはその宣伝にもなる。特に近年は，幅広い業種の企業が多様な内容の株主優待を実施しており，上場会社では1,000社以上がこれを採用している。しかし，会社法上の議論にみられるように，利益供与禁止規定への抵触の可能性など，株主優待の制度上の問題点も指摘されている。

　この点に関しては，株主の権利行使に関する利益供与の禁止規定は，財産上の利益の供与のうち，株主の権利の行使に関するもののみを規制の対象としている。「株主の権利の行使に関し」とは，「株主の権利の行使に影響を与える趣旨で」の意味であると解されており，単なる利益供与ではなく，株主の権利行使と関連性をもつ利益供与を禁止の対象とするものである。

　これに対して，株主優待制度は，株主総会に出席するかどうかに関係なく，会社が定めた一定の日に一定数以上の株式を所有してさえいれば，会社が定めた一定内容の優待を自動的に受けることができる。株主優待については，事業サービスとして社会通念上許容される範囲内で行われる限り，株主の権利の行

使に関するものとはいえないであろう。

　株主優待制度に関する裁判例としては，土佐電気鉄道事件がある。この事件では，鉄道会社における株主優待制度に関し，会社が交付基準を超えて優待乗車券を一部の株主に有利に交付したことが，利益供与に該当するか否かが問題となった。高松高裁は，これが特定の株主に対する財産上の利益の供与に該当することを認めたが，会社には株主の権利の行使に関して利益の供与を行う意図がなかったとして，利益供与の成立を否定した。

### 議決権行使に対する粗品贈呈と利益供与

　従来，委任状争奪戦のない通常の場合，株主総会の出席株主に対する手土産等の贈呈は，議決権行使を（内容に関わりなく）促すことだけを純粋に目的にする財産上の利益の供与であり，株主の権利行使と関係がないと解されている。これに対して，この事例においては，議決権行使を条件とするサービス券の贈呈は，委任状争奪戦の局面で行われたものである。このサービス券の贈呈は利益供与禁止規定に違反するのであろうか。

　この事例と類似するモリテックス事件では，委任状争奪戦が行われている状況下で，会社が，会社提案に賛成することを株主に呼びかけつつ，議決権を行使した株主に500円のQUOカードを進呈するという行為について，利益供与の該当性が争われた。東京地裁は，株主の権利の行使に関して行われる財産上の利益の供与は，すべて禁止されるのが原則であるが，次の①から③のすべてを満たせば，例外的に違法性を有しないものとして許容されるとした。すなわち，①「当該利益が，株主の権利行使に影響を及ぼすおそれのない正当な目的に基づき供与される場合」であり，かつ，②「個々の株主に供与される額が社会通念上許容される範囲のものであり」，③「株主全体に供与される総額も会社の財産の基礎に影響を及ぼすものではないとき」である。その上で，東京地裁は，当該QUOカードの交付については，②③が満たされるものの，①が満たされないため，例外的に違法性を有しないものとして許容される場合には該当しないとした。

この事例を検討する際には，上記の3要件に具体的事実を当てはめて分析する必要がある。その中で，最も問題となるものは，要件①のサービス券の贈呈と株主権の行使との関連性である。この事例においては，会社の現経営陣がサービス券の贈呈により議決権行使を促す意図を有していたことは否定できないであろう。しかし，問題は，サービス券の贈呈が会社提案に賛成する議決権行使の獲得をも目的としたものであるかどうかである。

## 議決権行使の代理人資格の制限

多くの上場会社の定款では，株主総会において株主の代理で議決権を行使することができる者をその会社の株主に限定する旨を規定している。関口本店事件では，最高裁は，このような定款規定は，「総会が株主以外の第三者によって撹乱されることを防止し，会社の利益を保護する趣旨にでたもの」であるから「合理的な理由による相当程度の制限」であるとして適法であるとした。

ここで注意が必要な点として，この問題は，代理人を株主に限定する定款自体の適法性の問題と，個別の事案で定款に従って議決権行使を拒むことの適法性の問題という二つの問題が含まれるが，関口本店事件最高裁判決はあくまでも定款が違法ではないと判示したにとどまるという点である。一方，代理人を株主に限定する定款規定は有効と認めながら，例外的に株主総会が撹乱されるなどのおそれがない場合には，非株主による議決権代理行使を許すという判断を示す裁判例もある。

例えば，三井貿易事件では，同族会社において，病気または高齢の株主の親族が代理人として議決権を行使することについて，大阪高裁は，「具体的場合に非株主による議決権の代理行使を認めても，定款により代理人資格を限定した趣旨に反せず，何ら支障がないことが明らかであり，却ってこれを認めないことが当該株主の議決権行使の機会を事実上奪うに等しく，不当な結果となるような特段の事情がある場合には，……右定款の規定の拘束力はなく，会社はこれを形式的，画一的に適用して当該株主の非株主による議決権の代理行使を拒否し得ないものと解するのが相当である」と判示した。この事例についても，

このような見地からの検討が必要である。

　地方自治体や会社がその職員や従業員を代理人として議決権行使をさせた直江津海陸運送事件では，最高裁は，これらの者は，組織の一員として上司の命令に服する義務を負い，議決権の代理行使に当たって株主の代表者の意図に反する行動はできないようになっている以上，株主総会を撹乱して会社の利益を害するおそれはないと判断した。

　これらの判決に対して，株主ではない弁護士が代理人として議決権を行使することについては最高裁判例がなく，下級審の裁判例ではこれを認める裁判例と認めない裁判例があり，判断が分かれている状況である。

## 学習用文献

### ＜書籍＞

- 柳明昌編『プレステップ会社法』（弘文堂，2019年）
- 伊藤靖史ほか『リーガルクエスト会社法』第 4 版（有斐閣，2018年）
- 神田秀樹『会社法』第22版（弘文堂，2020年）
- 山本爲三郎『会社法の考え方』第11版（八千代出版，2020年）
- 高橋英治『会社法概説』第 4 版（中央経済社，2019年）

### ＜裁判例＞

- 土佐電気鉄道事件（高松高裁平成 2 年 4 月11日判決）
- モリテックス事件（東京地裁平成19年11月22日判決）
- 関口本店事件（最高裁昭和43年11月 1 日第二小法廷判決）
- 三井貿易事件（大阪高裁昭和41年 8 月 8 日判決）
- 直江津海陸運送事件（最高裁昭和51年12月24日第二小法廷判決）

# 第9章

# 取締役の義務と責任

## 【商法・会社法】

　この章では，前章に引き続き「会社法」に関するテーマの事例として，「取締役の義務と責任」の問題について検討する。取締役は，株主からの委任を受け，会社経営の意思決定をするという重要な役割を担う。そのため，取締役には，強い権限が与えられる反面，果たさなければならない様々な「義務」があり，それが果たさない場合には「責任」をとらなければならない。取締役としてどのような義務と責任を負うかについて，想定される事例に基づいて考えてみよう。

キーワード：善管注意義務，忠実義務，競業取引，利益相反取引，
　　　　　　株主代表訴訟

## 1 予習用資料

### 善管注意義務・忠実義務

　会社法は，会社と取締役の関係について，民法の委任に関する規定に従うと定める（会社法第330条）。民法は，委任を受けた者は「善良な管理者の注意をもって，委任事務を処理する義務を負う」（民法第644条）と定めており，これを「善管注意義務」と呼ぶ。取締役も会社から委任を受けた者として，会社に対して善管注意義務を負うことになる。

　善管注意義務とはその者が具体的にもっている能力や注意力にかかわらず，その者の職業，その属する社会的，経済的地位等において一般的に要求される程度の注意である。取締役の場合，一般的に取締役としての地位にある者に要求される水準の注意義務を果たす必要があることになる。ここで注目すべきは，「一般的に要求される程度の注意」という点である。基準は自分自身ではないため，自分が最善を尽くしたと考えていても，取締役として通常期待される程度の注意を怠っていた場合には責任を問われることになる。

　一方，会社法でも「取締役は，法令及び定款並びに株主総会の決議を遵守し，株式会社のため忠実にその職務を行わなければならない」（会社法第355条）と定められている。これは「忠実義務」と呼ばれている。通説によると，善管注意義務と忠実義務との関係は，忠実義務は善管者の注意義務を会社について具体的かつ注意的に規定したもので，両者は表現が異なるだけで内容的には特別な差異はないとされている。

　これらの義務があることから，取締役は，個人の利益のために会社の事業と同じ種類の事業を行うこと（競業取引）や，会社との間で利害が対立する取引（利益相反取引）が制限されている。

### 競業避止義務

　取締役は会社の営業機密やノウハウ，顧客リストを容易に知りうる立場にあ

り，競合となる会社を立ち上げたり第三者に協力したりすれば，会社の取引の機会や得意先を奪うおそれがある。例えば，パンの製造販売業を営む会社の取締役が，個人でパンの販売を行う場合である。そこで会社法は，取締役が自己または第三者のために会社の事業の部類に属する取引をするためには，取締役会（取締役会が設置されていない場合は株主総会）においてその取引の重要な事実を開示し，その承認を受けることを要するとしている（会社法356条第1項第1号，第365条第1項）。このような取締役の不作為義務を「競業避止義務」と呼ぶ。

### 利益相反取引規制

利益相反取引には，直接取引と間接取引がある。直接取引は，取締役が自己または第三者のために会社と取引することであり，例えば，取締役と会社との間の売買や金銭の貸借などである。間接取引は，形式的には会社と第三者の取引であるが，実質的にはその取引により取締役が利益を受ける取引である。例えば，会社が取締役の債務を保証する行為（取締役の債権者と会社との保証契約）などである。直接取引・間接取引のいずれも，取締役が会社の利益を犠牲にして，自己または第三者の利益を図るおそれがある取引である。そこで，取締役が利益相反取引（直接・間接問わず）を行うためには，取締役会（取締役会が設置されていない場合は株主総会）において，その取引の重要な事実を開示し，その承認を受けることを要するとされている（会社法第356条第1項第2号第3号，第365条第1項）。

### 任務懈怠責任

取締役は，善管注意義務や忠実義務などの自らの任務を怠った場合には，会社に対して損害賠償責任を負う（会社法第423条第1項）。いわゆる任務懈怠責任である。賠償額は取締役の行為又は不作為によって会社が被った損害の金額である。任務懈怠責任は過失責任であり，責任追及する側の会社が取締役に故意または過失があることを立証しなければない。取締役が無過失を立証できた場

合には，責任は成立しない。

## 競業避止義務違反の責任

　会社による承認を受けないで行った競業取引は会社法に違反するものであり，取引を行った取締役は会社に対して損害賠償責任を負う（会社法第423条第1項）。会社法は，取締役が競業取引から得た利益の額を会社による損害額と推定するとしている（会社法第423条第2項）。なお，会社による承認を受けた上での競業取引によっても会社に損害が発生する場合があり得る。この場合には，損害額推定規定の適用はないが，任務懈怠ある取締役の責任を追及することはできる（会社法第423条第1項）。

## 利益相反取引に関する責任

　会社による承認の有無にかかわらず，利益相反取引によって会社に損害が生じたとき，任務懈怠ある取締役は会社に対して損害賠償責任を負う（会社法第423条第1項）。ただし，自己のために直接取引をなした取締役は，会社に対して無過失の賠償責任を負う（会社法第428条第1項）。また，会社法の規定により，以下の取締役は任務を怠ったものと推定される（会社法第423条第3項。証明責任の転換）。すなわち，①第三者のために直接会社と取引を行った取締役，②間接取引により利益を受けた取締役，③会社が利益相反取引をすることを決定した代表取締役，④利益相反取引に関する取締役会承認決議に賛成した取締役である。

## 株主代表訴訟

　取締役の会社に対する責任は本来，会社がその責任を追及すべきである。しかし，責任を追及するべき会社側の役員と責任を負う取締役の間には，仲間意識があることも多く，責任追及は実際には期待できない場合が多い。会社が責任追及をしない場合には，個々の株主が会社に代わって会社のために取締役の責任を追及する株主代表訴訟という特別の制度がある。株主が代表訴訟を提起

するためには，まず，会社に対して，責任追及の訴えを提起することを請求する必要がある（会社法第847条第1項第2項）。そして，会社がその請求の日から60日以内に訴え提起をしないときに，当該株主が自ら訴えを提起することができる（会社法第847条第3項）。

　こうした取締役の義務と責任について，以下の事例に基づいて議論を展開してみよう。

## 2　討論用資料

### 取締役の責任を追及できるか？

　「あなた」の実家は，とある地方で鰻料理専門店を経営している A 株式会社です。A 社は同族企業で，創業者である父によるワンマン経営の会社でした。A 社の代表取締役は創業以来父（株式90％保有）であり，そのほかに，従来料理長として働いてきた B，および長男である兄（株式10％保有）が取締役でした。数年前父が死去し，相続により A 社の持株割合は，兄40％，母30％，あなた30％となりました。父の後任者を選任する臨時株主総会において，兄の側近である従業員 C が取締役として選任され，その直後に開催された取締役会で，兄が代表取締役に選定されました。経営方針に関しては，兄は以前から新規事業を展開すべきであると唱えてきました。父の死亡後，あなたは大学を卒業し他社への就職を選びましたが，新しもの好きな兄が家業を守れるか心配でした。

　A 社の代表取締役に就任した翌年，兄は，地元で味噌カツ専門店経営を展開しようと考えて，A 社の取締役会の承認決議がないまま D 株式会社を設立しました。なお，A 社は味噌カツを扱っておらず，目下のところ，その予定もありません。D 社の取締役は兄の嫁のみであるが，同社の発行済株式は全て兄が保有しており，業務全般については実質的に兄が統括していました。開

業資金を節約するために，D社は，A社から中古の厨房機器を激安価格で購入しました。この売買契約の締結は，兄がA社の取締役会の承認決議を経ずに行ったものでした。

　その後，D社はE銀行に2億円の事業資金の融資を申し込みました。E銀行は，兄がA社の代表取締役であることを知っており，融資の条件としてA社がD社の債務について連帯保証(1)することを求めました。E銀行はその際，A社の連帯保証についてA社の取締役会の承認を受けた上，承認決議の結果を記載した議事録の写しを交付するよう要求しました。そこで，兄は，A社の取締役会を実際に開いていないにもかかわらず，承認があったかのように議事録だけを作成し，その写しをE銀行に交付しました。これを受けて，E銀行はA社と連帯保証契約を締結した上で，D社への融資を実施しました。

　近年，A社は鰻価格の高騰のために営業利益の減少が続いていました。本業以外で利益を上げるため，3年前，兄は，当時もてはやされていた上値基調の仮想通貨投資をすることを思い立ち，A社に提案しました。当時A社の総資産額は20億円でしたが，4億円の余剰資金を保有していました。A社は，取締役会の承認決議（Bが反対した）を経た上で，投資顧問業者と投資一任契約を締結し，4億円の余剰資金を仮想通貨に投資しました。A社は，当初は仮想通貨投資により順調に利益を上げましたが，利益の殆どは再投資に回されました。ところが，仮想通貨相場は去年1月頃暴落し，A社は投資一任契約を解消しましたが，2億円の損失が生じました。

## 3　討論用クエスチョン

(1)　あなたは，兄のD社設立行為を競業避止義務違反として，株主代表訴訟を提起したいと考えていますが，これは可能でしょうか？

(2)　あなたは，D社との厨房機器の売買契約について，株主代表訴訟によ

り，兄の損害賠償責任を追及したいと考えていますが，これは可能でしょうか？

⑶　D 社の返済がないため E 銀行が A 社に対して保証債務の履行を求めた場合，A 社は連帯保証契約の無効を理由にこれを拒絶できると思いますか？

⑷　仮想通貨投資失敗の責任について，あなたはどのように考えますか？
3 名の取締役について，それぞれ考えてみてください。

## 4　解説・より深く

### 競業避止の範囲

　競業取引の要件として，会社法は「取締役が自己または第三者のために株式会社の事業の部類に属する取引をしようとするとき」と定める。

　まず，「会社の事業の部類に属する取引」とは目的物（商品・サービスの種類）および市場（地域・流通段階など）において競合する可能性のある取引をいう。この事例においては，D 社は A 社と市場（地域）において競合関係に立つことが明らかである。一方，両者とも飲食店営業であるが，味噌カツ・鰻は異なる種類の料理であり，目的物において競合可能性あるかどうかが重要な議論のポイントとなるであろう。

　なお，注意すべきなのは，会社がその時点では実施していなくとも，進出のために準備を進めている事業については規制の対象となる。山崎製パン事件では，東京地裁は，関東地域で製パン業を営んでいた会社の代表取締役が，会社の承認を得ることなく，会社がすでに進出を企図し市場調査等を進めていた関西地域で製パン業を営んだことにつき，競業避止義務違反にあたるとした。

　次に，「自己または第三者のために」の意義に関しては，「自己または第三者の名において」（つまり，自己の名をもってまたは第三者の代理人・代表者として行うという意味である）とする名義説と，「自己または第三者の計算において」（つまり，自己または第三者に経済的利益が帰属するという意味である）とする計算説の対

立がある。この事例においては，飲食店営業は D 社名義でなされており，兄は D 社の一人株主の地位にとどまり代表者ではないことから，名義説による場合，「自己または第三者のために」取引するということはできず，競業取引には該当しないことになる。これに対して，会社名義で自己または第三者の計算でなされた競業取引も規制対象とすべきであるとして，通説は計算説を支持する。山崎製パン事件では，取締役が競業会社の大多数の株式を所有しかつ事実上当該会社を主宰することが競業取引にあたるとされた。

### 利益相反取引規制の範囲

競業取引の場合，会社は取引の当事者ではなく，あくまでも間接的な結果として経済的損失を被る。これに対して，利益相反取引は，当事者の一方が会社であり，取締役の利益になると同時に，会社への不利益になる取引である。前述したように，直接取引だけでなく，間接取引も利益相反取引規制の対象である。まず，直接取引は取締役が自己または第三者のために会社となす取引である。「自己または第三者のために」という文言の意義については，競業避止義務においては計算説が通説であるが，ここでは名義説が通説である。利益相反取引規制において名義説をとるべき理由は，名義説によっては直接取引に含まれないが実質的には会社と取締役の利益が衝突する取引は，間接取引として利益相反取引規制の範囲内と考えればよいというものである。

この事例においては，厨房機器の売買契約が利益相反取引にあたるかどうかについては，A 社が締結する当該契約の相手方が兄でなく D 社であること，および，兄が D 社の代表者でもないことに留意しなければならない。その上で，兄が D 社の全ての株式を保有しており，業務全般について実質的に統括していたという事情を踏まえ，名義説・計算説それぞれの立場に立って考える必要がある。

### 取締役会の承認を欠く利益相反取引の効力

取締役会の承認を欠く利益相反取引の効力については，通説・判例は，相対

的無効説に立っている。すなわち，取締役会の承認を欠く利益相反取引は無効であるが，直接取引の相手方から財産の転得を受けた者や，間接取引の相手方対しては，会社は，その悪意（当該取引が承認を欠く利益相反取引であるということを知っていた）を主張立証しない限り，当該取引の無効を主張することができない。それは，当該取引が承認を得ていない利益相反行為であることを知らないで取引に入った第三者を保護するためである。この事例においては，E銀行による保証債務の履行請求に対して，A社がその債務を免れるためには，保証契約が取締役会の承認を欠く利益相反取引であるから無効であること，ならびにE銀行の悪意を主張立証することが必要となる。

## 経営判断の原則

取締役は，善管注意義務違反により会社に損害が発生した場合，その損害を賠償する責任を負うことになる。もっとも，取締役の経営判断は通常リスクを伴うものであり，その判断が結果として誤りがあった場合に当該取締役に損害賠償責任を負わせるとすると，取締役による経営活動が萎縮してしまいかねない。この点，米国では，裁判所で確立された経営判断原則という基準で判断されている。すなわち，取締役が誠実に行動し合理的な根拠に基づき経営判断を下したのであれば，たとえ会社に損害が生じたとしても取締役は責任を負わないとする考え方である。日本では経営判断原則に関する規定はなく，判例においてもこれについて定義したものはないが，判例は経営判断原則の考え方に類似する枠組みを採用しているといわれている。アパマンショップ株主代表訴訟事件で最高裁は，取締役の経営判断の裁量は相当に広いものであり，「その決定の過程，内容に著しく不合理な点がない限り，取締役としての善管注意義務に違反するものではない」とした。もっとも，経営判断が行われる場面は一様ではなく，合理性の判断は事案ごとに行われる必要がある。

この事例のA社のような小規模会社がハイリスクな取引により多額な損失を被り，その取締役の責任の有無が論じられた裁判例として，日本サンライズ事件がある。この事件では，東京地裁は，取締役は，「会社の返済能力を超え

た多額の借入れをして右借入金を本件株式投資に充て，あるいはこれを抑制しなかったことは，経営者に許された合理的裁量の範囲を超えるものと認められる」と判示した。その上で，株式投資を担当していた代表取締役については，会社の規模，事業の性質，営業利益の額等に照らし回復が困難な損失を出す危険性がある新規事業を行うことを避止すべき善管注意義務を怠った責任を認めた。また，平取締役については，代表取締役の業務執行に対する監視監督を行うべき善管注意義務を怠った責任を肯定した。

この事例においては，仮想通貨投資が取締役会決議に基づいて行われたため，その決議に賛成した取締役の責任の有無が問題になる。この問題を検討するにあたって，新規事業である仮想通貨投資の開始について，会社の現状，従前の本業の業績予測，新規事業の現状及び将来の動向，市場調査，投資額などの情報を収集・分析，検討し，不注意な誤りのない認識をもって経営判断をしたか否かが議論のポイントとなる。

## 学習用文献

### ＜書籍＞
書籍に関しては，基本的に第8章と同じ文献が参考になる。

### ＜裁判例＞
- 山崎製パン事件（東京地裁昭和59年3月26日判決）
- アパマンショップ株主代表訴訟事件（最高裁平成22年7月15日第一小法廷判決）
- 日本サンライズ事件（東京地裁平成5年9月21日判決）

【注】
(1) 保証には，普通の保証と連帯保証とがある。両者の違いについては，普通の保証人は借主が支払えないときに初めて支払義務を負う（本来の保証の意味である）の

に対して，連帯保証人は借主本人と同じ立場で支払義務を負うことである。つまり，貸主が借主に支払の請求をすることなく連帯保証人にいきなり請求しても，あるいは借主に返済資力があるにもかかわらず返済を拒んだ場合であっても，連帯保証人は借主に代わって返済をしなければならない。

第10章

# 飲食店の営業許可

## 【行政法】

　この章では，「行政法」に関するテーマの事例として，「飲食店の営業許可」の法的性質およびそれをめぐる法的問題について検討する。日本国憲法は営業の自由を保障しており，営業は原則として自由に行うことができるが，社会生活に影響を与えることがあるため法令による規制が多く存在する。もっとも，営業の自由が憲法上保障されている以上，法令の要件を満たせば，それが行使されることは認められなければならない。営業の許可や不許可をめぐる紛争については，裁判を通じて解決する途も存在している。

キーワード：営業の自由，営業許可，抗告訴訟，原告適格

# 1　予習用資料

## 行政法とは

　行政法とは，行政に関する公法であるといわれる。国や地方公共団体は，国民や住民（私人）に対して様々な活動を行っているが，そのうち社会全体の利益，すなわち公益の実現を目的として行われる権力的な活動が行政法の主要な対象である。税金の賦課・徴収や本章で取り扱う飲食店の営業許可等はその例であり，ここで国や地方公共団体は公益の実現のために，国民の財産権を侵害したり，その行動を規制するという権力的な立場に立つことになる。こうした活動を行う行政組織や私人との間の法関係を規律する諸法律から構成されるのが，「行政法」といわれる法分野である。

## 営業の自由

　営業の自由とは経済的自由権の一つであり，憲法第22条第1項で保障されている。

---

**日本国憲法第22条**
　第1項：何人も，公共の福祉に反しない限り，居住，移転及び職
　　　　業選択の自由を有する。

---

　同条同項には「営業の自由」という文言自体は含まれていないが，それは「職業選択の自由」を構成する重要な自由であり，同条同項の保障の下にあると理解されている。判例では，「職業選択の自由を保障するというなかには，広く一般に，いわゆる営業の自由を保障する趣旨を包含している」という見解が示されている（小売市場事件）。ここにいう営業とは利益を得る目的で営まれる継続的な事業を意味しており，こうした事業を行うことは多くの職業の遂行

にとって必要であることは確かである。もっとも，憲法第22条第1項は「公共の福祉に反しない限り」で営業の自由を認めており，反社会的な営業（例：人身売買の営業）を行う自由は認められていない。

　また，営業は，その性質により公衆衛生や風俗環境等への様々な影響を社会生活に及ぼすことがあり得る。したがって，法律により一定の規制が加えられることは珍しくない。しかし，その規制をクリアすれば，営業を行うことは許可されなければならない。ここに憲法上，営業の自由が保障されている重要な意味がある。

### 飲食店の営業許可

　飲食店を営業しようとする者は，食品衛生法に定められた許可を得なければならない。同法は，「食品の安全性の確保のために公衆衛生の見地から必要な規制その他の措置を講ずることにより，飲食に起因する衛生上の危害の発生を防止し，もつて国民の健康の保護を図ることを目的とする」法律であり（その意味で，食品衛生法も行政法の一種である），第51条以下に飲食店の営業許可に関する規定を置いている。

---

**食品衛生法第51条**
　第1項：都道府県は，飲食店営業その他公衆衛生に与える影響が著しい営業（中略）であつて，政令で定めるものの施設につき，条例で，業種別に，公衆衛生の見地から必要な基準を定めなければならない。
　同法第52条第1項：前条に規定する営業を営もうとする者は，厚生労働省令で定めるところにより，都道府県知事の許可を受けなければならない。
　第2項：前項の場合において，都道府県知事は，その営業の施設が前条の規定による基準に合うと認めるときは，許可をしなければならない。

---

同法第51条に基いて制定された政令である「食品衛生法施行令」は，「都道府県が施設についての基準を定めるべき営業」として，飲食店営業，喫茶店営業ほか34の業種を掲げている。これらの営業を許可するについて都道府県では「施設基準」という基準を設定している。東京都を例にとると，まず，原則としてすべての業種に必要な施設の基準である「共通基準」として，営業施設の構造，食品取扱設備，給水および汚物処理に関する基準が定められている。さらに，業種ごとに定められている「特定基準」があり，飲食店営業については，冷蔵設備，洗浄設備，給湯設備，客席および客用便所に関する基準が定められている。

　飲食店営業を行おうとする者は，同法第52条に基づき営業許可申請書とともに営業設備の大要・配置図ほかの書類を保健所に提出しなければならない。こうして許可の申請が行われると，保健所の担当者は施設が申請のとおりか，施設基準に合致しているかを確認し，営業の許可または不許可の処分をすることになる（また，建築基準法によって用途地域等内の飲食店の建築等に制限が加えられていることがあるが，この問題については後に触れる）。

## 営業の許可・不許可をめぐる紛争

　営業の許可をめぐっては，異なる構図をもった法的紛争が発生する可能性がある。

　第一は，営業許可の申請を行ったにもかかわらず，これを拒否する処分がなされた場合である。その理由としては，様々なものが考えられるが，いずれにしても許可を申請した業者は不服であろう。そうした業者は，不許可処分の取消し，あるいは許可処分を求めて不服申立てや訴訟提起をすることが考えられる。

　第二は，営業の許可処分がなされたが，当該飲食店の周辺住民がこれを不服とする場合である。例えば，営業による環境の変化（閑静な住宅街の雰囲気の変化）を嫌う住民が，許可処分の違法を主張して，その取消しを求めて不服申立てや訴訟提起することが考えられる。

　これらの不服申立てや訴訟は，いずれも行政機関が行った処分を対象として行われるものであるため，行政争訟と呼ばれている。ここでは処分などの「行政庁の公権力の行使に関する不服の訴訟」であるとされる「抗告訴訟」について規定した行政事件訴訟法の条文を確認しておこう。

---

**行政事件訴訟法第３条**
　この法律において「抗告訴訟」とは，行政庁の公権力の行使に関する不服の訴訟をいう。

---

　ここにいう「行政庁の公権力の行使」は「処分」とも呼ばれるが，それを対象とする抗告訴訟には，次のように複数の類型がある。
　第一の取消訴訟は，裁決または処分の取消しを求める訴訟である（第３条第２項，第３項）。ここにいう「処分」は，原則として，個別・具体的な私人が相手であり，直接，法的義務・利益を与える行政活動，すなわち処分のことであるとされている。例えば営業許可の申請に対する不許可処分は，これに該当する。
　第二の無効等確認訴訟は，裁決または処分が無効であることの確認を求める訴訟である（第３条第４項）。これは，判例によれば，裁決または処分の瑕疵が重大明白であった場合を念頭に置いたものである（土地所有権確認請求事件）。重大明白とは，当該行為が行われた時点から，まったく効力をもたないと考えられるような瑕疵のことを指す。たとえば，人違いの営業許可には重大明白な瑕疵があると考えられよう。
　第三の不作為の違法確認訴訟は，申請に対する処分・裁決を求める訴訟である（第３条第５項）。ただし，この訴訟によっては，特定の内容の処分・裁決を求めることはできない。たとえば，営業許可の申請に対して行政庁が何の応答もしない場合に，この訴訟を提起することができるが，私人が勝訴しても，営業許可の処分がなされるとは限らないことには注意が必要である。

第四の義務付け訴訟は，一定の処分又は裁決をすべき旨を命ずることを求める訴訟をいう（第3条第6項）。これには，第1号が規定する「行政庁が一定の処分をすべきであるにかかわらずこれがされないとき（次号に掲げる場合を除く）」に提起される非申請型義務付け訴訟と，第2号が規定する「行政庁に対し一定の処分又は裁決を求める旨の法令に基づく申請又は審査請求がされた場合において，当該行政庁がその処分又は裁決をすべきであるにかかわらずこれがされないとき」提起される申請型義務付け訴訟の二つの種類がある。

　第五の差止め訴訟は，行政庁がその処分又は裁決をしてはならない旨を命ずることを求める訴訟である（第3条第7項）。例えば，営業許可処分が行われる可能性がある場合に，この訴訟によれば処分をしてはならない旨を命ずることを求めることができる。

　なお，これらの訴訟を提起する法的な資格のことを原告適格という。処分に不服を持つ相手方に原告適格が認められることに争いはないが，処分の相手方以外の者に原告適格が認められるか否かについて，行政事件訴訟法第9条第1項は，次のような基本的規定を置いている。

> **行政手続法第9条**
> 　処分の取消しの訴え及び裁決の取消しの訴え（以下「取消訴訟」という。）は，当該処分又は裁決の取消しを求めるにつき法律上の利益を有する者……に限り，提起することができる。

　結局，原告適格の有無は，処分によって「法律上の利益」が害されたか否かによって判断されることになる。いかなる利益がここにいう「法律上の利益」に該当するか否かは，法律の規定が，公益の実現だけではなく個人の利益を保護する目的で行政処分の内容・手続の拘束を行っているかという基準から判断される（伊達火力発電所事件）。

　さて，以下では，先に触れた様々な構図をもつ，いくつかの事例について議論を展開してみよう。

## 2　討論用資料

### 事例1：営業が許可されないかもしれない？

　「あなた」はA市で飲食店を開店することを計画し，同市内にある商業ビル1階の賃貸契約を締結した後，業者に依頼して和風居酒屋の図面を作成してもらいました。完成後，営業許可を申請しようと考え，管轄の保健所に当該図面を持って相談に訪れます。その際にあなたは，担当職員から「余談として」という前置きがあったうえで，A市の飲食店の出店が現在，過剰な状況にあり経営が成功する見込みは少ないこと，こうした状況では出店を考え直した方がよいかもしれないという話を聞きました。その後あなたは，仮に営業許可を申請し，すべての基準が満たされたとしても許可されないのではないか，という不安を持っています。

### 事例2：営業許可の申請に対する不許可処分を受けたら？

　「あなた」はB市で飲食店を経営することを計画し，以前カフェであった店舗をイタリアンレストランに改修して，営業許可申請を行いました。その後，施設の確認検査の際に，以前のカフェの客席部分にあった配管などを覆わない天井がレストランの調理場にも及んでおり，「天井が清掃しやすいこと」という施設基準に適合しないとして，不許可処分がなされました。あなたは，事前相談の際には指摘をうけなかった点を，不適事項として不許可処分がなされたことを不服として，訴訟を提起することを考えています。

### 事例3：営業許可処分に不服を持つ者が現れたら？

　「あなた」はC市で飲食店の経営を計画し，2階建ての自宅の1階を改修してジャズバンドの生演奏が聴けるカフェバーを開店することにして，営業許可

を申請しました。この申請は許可されましたが，あなたはカフェバーのある建物には居住しておらず，2階は物置き及び従業員の更衣室等として使われており，実際には建物全体が店舗として使われていました。これを知った周辺住民のうち，閑静な住宅街にカフェバーがあることを不服とする数名が，当該地域は第一種低層住居専用地域であり建築基準法上，既存の建物全体を店舗として使用することもできないはずだとして，営業許可の取消しを求めて訴えを提起することを考えています。

## 3　討論用クエスチョン

(1) 事例1について：あなたの営業許可の申請がすべての基準を満たしているにもかかわらず，不許可処分がなされることは適法といえるでしょうか？　また，その理由は？

(2) 事例2について：不許可処分に不服を持つあなたが提起することができる抗告訴訟としては，どのようなものが考えられますか？　また，その請求内容は，どのようなものになるでしょうか？

(3) 事例3について：あなたに対する営業許可に対して周辺住民が提起することができる抗告訴訟としては，どのようなものが考えられますか？その際には，どのような訴訟要件が問題となるでしょうか？

## 4　解説・より深く

今回議論した事例について考える際に，営業許可の法的性質やそれをめぐる行政争訟のあり方について，押さえておくべきポイントがいくつか存在する。

### 営業許可の法的性質について

先にも触れたように，営業の自由は憲法上保障された職業選択の自由に包含されているというのが判例の理解であるが，営業の自由を行使する場合であっ

ても，その性質により法令で様々な要件が規定されている。しかし，これらの
要件が充たされた場合には，許可がなされなければならない。これは，許可が
「人が本来有する自由の回復」という意味を持っており，その自由を法令の根
拠なく制限することは許されないと考えられるからである。

　もっとも，様々な営業活動に対して，法的拘束力を持たない行政指導が行わ
れることは珍しくない。行政指導とは，相手方の自発的な意思のもとに行政目
的にしたがった行動を求めるもので，これ自体は，必ずしも禁じられていると
は考えられていない。例えば，行政手続法第33条は，申請の取下げを求める行
政指導を行うことができることを前提に，それが申請者の意思に基づかないも
のとなることを禁じたものである。

> **行政手続法第33条**
> 　申請の取下げ又は内容の変更を求める行政指導にあっては，行政
> 指導に携わる者は，申請者が当該行政指導に従う意思がない旨を
> 表明したにもかかわらず当該行政指導を継続すること等により当
> 該申請者の権利の行使を妨げるようなことをしてはならない。

　このように行政指導は法的拘束力を持たないものであるが，それが行われる
ことで相手方の行動に影響を与えることはあり得る。その結果，行政指導が行
われたという事実が，それに従った行動の法的評価に際して意味を持つことが
ある。例えば，判例上，行政指導に従った価格協定は違法性が阻却されるとい
う判断が示されたことがある（石油価格カルテル事件）。これは，故意に行われ
た価格協定は，原則として違法となるが，その「故意」をもたらした行政指導
が，法解釈上，考慮されたためであるということができる。

### 訴訟類型の選択について

　先に見たように抗告訴訟には複数の類型があるため，問題となっている事案

に応じて，最も適切な類型を選択することが必要である。

　営業許可の申請に対して不許可処分がなされた場合，申請者としては，まず，当該処分の取消しを求めることが考えられる。裁判で勝訴して処分が取消された場合，行政庁は改めて処分をすることになる。この場合，許可処分がなされることが期待できるが，他の理由により不許可処分がなされることもあり得る。後者の場合，申請者にとって訴訟の目的が達成されていないことは明らかである。そこで，最も直截な方法として考えられるのは，取消訴訟と併合して許可処分の義務付け訴訟を提起することである（行政事件訴訟法第3条第6項第2号，第37条の3第1項第2号）。この場合，裁判所は許可処分がなされるべきかを審査し，一定の要件が充たされれば（行政事件訴訟法第37条の3第5項参照）処分をすべき旨を命ずる判決を出すことになる。

　また，営業許可の申請に対して許可処分が行われたことを不服とする周辺住民などは，その取消しを求める訴訟を提起することが考えられるが，そうした訴えが適法と認められるか否かについては，次のような問題を検討する必要がある。

### 抗告訴訟における第三者の原告適格について

　先にも述べたように，周辺住民が営業許可の取消訴訟を提起するには，原告適格が認められる必要があり，それが認められるのは，行政事件訴訟法第9条第1項にいう「法律上の利益」を有するものだけである。同条第2項では，「法律上の利益」の有無を判断する際の考慮要素として，「処分又は裁決の相手方以外の者について……法律上の利益の有無を判断するに当たつては，当該処分又は裁決の根拠となる法令の規定の文言のみによることなく，当該法令の趣旨及び目的並びに当該処分において考慮されるべき利益の内容及び性質を考慮するものとする」という規定が置かれている。

　上記の事例3では，「住居専用地域では既存の建物全体を店舗として使用することができない」という周辺住民の主張が示されていた。住居専用地域とは都市計画法が規定する用途地域の一種であり，用途地域は他の地域地区ととも

に地域の分類により用途の混在を防ぐことを目的としたものである。店舗の周辺住民に原告適格が認められるかは，用途地域における建築基準法上の規制に関する規定が個々の住民の利益を保護してるか否かによることになる。過去の裁判例では，「都市計画区域内住民が建築基準法の用途規制による整序された都市において良好な住居環境を享受するという利益を持つけれども，これは建築基準法の用途規制が前叙のような公益の実現・保護を目的として機能する結果受ける反射的利益に過ぎない。したがつて，本件許可処分の第三者である原告は用途地域内住民であるからといつて，法律上保護された利益を，本件許可処分によつて侵害された者というを得ず，同処分の取消しを求める訴えの原告適格を有するものではない」（建築許可処分取消請求事件，下線は筆者）という判断が示されたことがあり，参考になる。事例 3 にもこうした判断があてはまるかどうかが，周辺住民には原告適格が認められか否かのポイントになろう。

## 学習用文献

### ＜書籍＞

- 藤田宙靖『行政法総論』（青林書院，2013年）
- 藤田宙靖『行政法入門』第 7 版（有斐閣，2016年）
- 宇賀克也『行政法概説Ⅰ──行政法総論』第 6 版（有斐閣，2017年）
- 宇賀克也『行政法概説Ⅱ──行政救済法』第 6 版（有斐閣，2018年）
- 櫻井敬子・橋本博之『行政法』第 6 版（弘文堂，2019年）

### ＜裁判例＞

- 小売市場事件（最高裁判昭和47年11月22日大法廷判決）
- 土地所有権確認請求事件（最高裁昭和34年 9 月22日第三小法廷判決）
- 石油価格カルテル事件（最高裁昭和59年 2 月24日第二小法廷判決）
- 伊達火力発電所事件（最高裁昭和60年12月17日第三小法廷判決）
- 建築許可処分取消請求事件（甲府地裁昭和58年 6 月27日判決）

第11章

# 契約自由の原則と解雇規制

## 【労働法】

この章では，「労働法」に関するテーマの事例として，「契約自由の原則と解雇規制」の問題を検討する。多くの人は，大学を卒業すると，会社に就職して働くことになるだろう。そして，働くことで自分と家族の生活を支えていくはずだ。その見通しが急に変わってしまったら，生活基盤がたちまち危うくなる。そこで，働く人を守るため，とくに解雇からの保護を重視してきたのが労働法だ。その中核が，解雇権濫用法理とよばれる法理である。社会人として働く数年先のあなたを想定しながら，その具体的な解釈を身につけよう。

キーワード：職業選択の自由，解雇権濫用法理，整理解雇の 4 要件

## 1　予習用資料

　第2章で，日本国憲法の三大原理の一つである「基本的人権の尊重」について学んだ。基本的人権の中心は，幸福追求権（憲法第13条）や表現の自由（憲法第21条）などの「自由権」である。これらの自由権は，人間が生まれながらにして平等であり，自由に意思決定ができることを前提として，国家に介入されずに自分の望むことができるよう保障しようとしたものである。

　その自由権の一環として，職業選択の自由（憲法第22条第1項）がある。個人は自分の好きな職業を選ぶことができ，企業には経営の自由が認められる。しかし，人間は常に平等で自由な立場にあるだろうか？　例えば，自分を雇っている会社と対等な立場でわたりあい，意思を貫けるだろうか。

### 憲法・民法と労働法

　働く人に特別な保護が必要なことは，憲法自身が認めている。奴隷的拘束の禁止（憲法第18条）や児童酷使の禁止（同第27条第3項）など，ストレートに労働の強制を禁じる条文もある。これに加えて，憲法第27条第2項は，「賃金，就業時間，休息その他の勤労条件に関する基準は，法律でこれを定める」と規定する。この規定は，基本的人権のもう一つの類型である，社会権（憲法第25条の保障する生存権を中心とする権利）の考え方をあらわしている。

　自由権が「国家からの自由」と言い換えられるのに対して，社会権は，「国家による自由」と表現される。歴史的に，働く人は働かせる人に従属させられ，しばしば過酷な搾取の対象にもなってきた。つまり，両者は構造的に対等な立場ではないため，働く人は必ずしも自由な意思決定ができない。そこで，むしろ国家が積極的に介入することで，本当の自由を保障しようと考えたのだ。

　もっとも，働く・働かせるという関係も契約の一つなので，原則的には，民法の契約ルールが適用される。実際，民法には典型契約の一つとして「雇用契約」という章がある（民法第623条以下）。しかし，対等な個人の自由な取引を前

提とする民法の契約ルールだけでは，働く人を守れない。そこで，憲法第27条第2項が予定するとおり，労働基準法や最低賃金法，労働契約法等によって，民法上の原則を修正している。この一連の法体系を，「労働法」と総称している。「労働法」という一つの法律があるのではなく，他にも労働組合法，男女雇用機会均等法，労働者派遣法，育児介護休業法，労災保険法等たくさんの法律があるが，どれも働く人を保護するためのルールとして共通する。

　労働をめぐる法律問題を解釈する時には，契約自由の原則を踏まえながらも，働く人と働かせる人の立場の非対称を修正し，真の自由を実現する方法を考える必要がある。なお，労働法は，働く人を「労働者」，働かせる人を「使用者」とよぶ。使用者は，会社（法人）であることがほとんどである。

### 労働法による解雇制限

　労働者と使用者の交渉力の差が最も問題になるのは，契約終了の場面である。人が働く理由は一つでないにしても，生活を支える目的は大きい。突然，意に反して契約が解消されてしまったら，たちまち生活基盤が危うくなってしまう。他方で，使用者にとっては，労働者は替えが利き，別の人を雇えば済むことが多い。つまり，立場によってダメージの大きさが異なるのだ。そこで労働法は，使用者側からの一方的な解約（これを「解雇」と呼ぶ）についてのみ，制限を強化することにした。例えば，労働契約法第16条である。

> **労働契約法第16条**
> 　解雇は，客観的に合理的な理由を欠き，社会通念上相当であると認められない場合は，その権利を濫用したものとして，無効とする。

　ちなみに，労働者からの一方的な解約（辞職）は，民法の契約ルール通り，2週間前に予告すれば可能である（民法第627条第1項）。

### 解雇権濫用法理

　労働契約法第16条は，「解雇権濫用法理」と呼ばれ，もともとは民法の一般原則である権利濫用（民法第1条第3項）を用いて積み重ねてきた判例法理を，条文化したものである。このうち，「客観的に合理的な理由」の有無は，会社の就業規則で挙げられている解雇事由にあたるかどうかで判断される。また，「社会通念上の相当性」とは，解雇以外の選択肢がなく，やむを得ないものであったかが判断されてきた。労働基準法は，10人以上を雇う会社に，あらかじめ就業規則を作る義務を課しており，解雇理由はその中に挙げておかなければならない（第89条第3号）。例えば，能力不足や素行不良，経営上の理由等である。ただし，「その他，雇用を継続しがたい重大な事由」といった規定が置かれることも多く，その内容を具体的に解釈する作業も必要になってくる。相当性の判断も，簡単ではない。

　特に，労働者に落ち度がないのに，会社の経営上の都合で解雇する場合（これを「整理解雇」と呼ぶ），どのような場合に濫用と考えるべきかが問題となる。

　これらの点を踏まえて，以下の事例に基づいて議論していこう。

## 2　討論用資料

### 辞めさせられるのは，私？

　大学を卒業して，新卒で中堅電機メーカーに正社員として就職した「あなた」は，5年目に初めての異動を経験し，開発部からマーケティング調査部に配属となりました。もともとは営業部志望だったので不満でしたが，若いうちは様々な部署を経験したほうがいいよ，との上司の言葉に，一応は納得していました。ただ，会社の業績が芳しくなく，外国企業と業務提携するのではないかという社内の噂が，気になっていました。ちょうど大学時代からの恋人と結婚を考えはじめたところですが，将来が不安では結婚どころではなくなってし

まいます。

　しかし案の定，会社は連続２期で大幅な赤字決算となり，外国企業と業務提携することが決まりました。そして，提携の条件が，不採算部門を中心に人員整理をすることだったのです。もともと就業規則には，「経営上の理由」が解雇事由として規定されていました。従業員には，取締役から部署ごとに説明会が開催され，ボーナスカット，新卒採用の一時停止，希望退職の募集を実施することと，部署ごとの予定整理人員数が説明されました。その概要や，希望退職者への割増退職金の割合の詳細は，全員に書面で配られました。あなたはその書面を持ち帰り，退職条件を真剣に検討しましたが，勤続５年くらいでは大した割増金はもらえません。恋人にも相談しましたが，「いくら人手不足とはいっても，すぐに同じようなお給料の仕事につける保証はないでしょう？　失業したら，結婚どころじゃないよね？」と心配されました。たしかに，若さを前面に出すほどでもなく，かといって業務経験も豊富というわけでもないと腰が引け，希望退職への応募はやめることにしました。

　ただ，あなたの所属するマーケティング調査部は，数年前からマーケティングをコンサルタント会社に外注していたこともあり，人員が余剰気味の不採算部門と目されてきました。そのためか，予定整理人員が，他の部署よりも多く割り振られています。正社員はどの部署にも定期異動で配置転換されるのに，たまたま人員整理するときに不採算部門にいるだけで整理対象になったら不公平だ……そう感じたあなたは，労働組合に相談することにしました。労働組合の執行部は真摯に話を聞いてくれ，「私たちは人員整理の撤回を会社に強く求めていく。ともに会社と交渉しよう。」と説得され，黙っていてもしょうがないと，あなた自身も組合に加入し，会社と団体交渉をすることにしました。その労働組合は，従業員の過半数は加入していない，いわゆる少数組合でしたが，会社との数度の団体交渉を行う中で，予定整理人員数の縮小と，希望退職時の割増金の増額を引き出すことができました。

それでも，希望退職者は，会社の決めた期限内に，予定人数に達しませんでした。マーケティング調査部からは，あと1人減らさなければなりません。そんなとき，会社から整理解雇対象者の基準が公表されました。

> 1．解雇による生活への影響の少ない者
> ・扶養家族を持たない30歳未満の従業員
> ・年金受給可能年齢の従業員
> 2．企業活動の維持発展への貢献が少ない者
> ・勤務態度・意欲の不良な従業員
> ・過去3年間の年間出勤率が90％未満の従業員
> ・過去3年間の人事考課が下位10％の従業員
> 3．雇用契約において企業への帰属性が薄い者
> ・パートタイム従業員
> ・限定正社員

　あなたは，この基準を見て不安を抱きました。出勤率や成績は悪くありませんが，独身で実家から通勤していますし，部内で20代は3人しかいません。一方で，不安を抱えたのはあなただけではありません。一緒に仕事をしている40代のAさんは，勤続15年の中堅ですが，勤務時間が正社員より1日2時間短い，パート勤務です。あなたは，Aさんが「パートは真っ先にクビになるのでしょうか？　シングルマザーの自分が無職になったら困るのです，来年は娘が専門学校に進学予定なので」と部長に訴えているのを聞きました。加えて，Aさんは，「パートや限定正社員のほとんどは育児中の女性なのだから，この基準は男女差別ではないですか？」と食い下がります。

　既婚で20代の先輩Bさんは，逆に「扶養家族がいない従業員を優先解雇するなんて，不公平だ！」と不満を漏らします。Bさん夫婦は共働きですが，結婚相手が専業主婦だったら守られるのは納得いかない，と言うのです。「仕事

の評価に，家族の状況は無関係だろう？」と言われたら，そんな気もします。そして，人事考課基準も公平そうにみえて，実は不公平なのではないかと疑問を投げかけられました。例えば，営業部に配属されると，営業ノルマの達成度が人事考課に大きく反映され，人によってかなりの差がつきます。一方で，ノルマのない経理部等では，人事考課に大きなばらつきがでません。つまり，人事考課の差は，個人の努力だけでなく，配属された部署にも左右されると言うのです。たしかにそうかもしれない……と不安が高まる頃，あちこちの部署で「肩たたき」が始まりました。

　所属長の退職面談に呼ばれる顔ぶれに，労働組合の組合員が多いことにあなたは気がつきました。勤務態度不良が理由のようですが，実は組合員を狙い撃ちしているのでは？　と疑問が浮かんできました。そういえば，業務提携相手の企業トップは組合嫌いという噂を聞いたことがあります。そしてとうとう，あなたの番がやってきました。部長は申し訳なさそうに，「君は本当に頑張ってくれているんだけど，まだ20代だ。転職しても柔軟にやっていけそうだし，家族形成もこれからのようだから，どうか我慢してほしい。」と言います。覚悟はしていたけれど，いざ面と向かって宣言されると，不要な人材だと烙印を押されたようで，ショックは小さくありません。思い切って，「ほかにも整理解雇基準に該当する人はいますよね？　もしかして，自分が組合活動をしていたから選ばれたのではないですか？」と聞いてみましたが，「そんなことはありえない」と否定されました。また，すぐに解雇されるわけではなく，「キャリア開発室」という部署に転属となり，人材開発会社の紹介など再就職のサポートはしてくれるそうです。それでも，すぐに転職できるとはかぎりません。しばらく結婚は延期かなと諦めに似た気持ちになる一方で，これは違法な解雇だ！　と主張したい気持ちも湧いてきます。でも，会社と争うのはそう簡単ではないでしょう。みじめな思いをするくらいなら，いっそ自分から退職してしまおうか？……と，すぐには返事を返せず，悩みはじめるあなたでした。

## 3　討論用クエスチョン

⑴　あなたは，会社に対して，設定された整理解雇の基準そのものの違法性を争いたいと考えています。あなたの言い分が通るためには，どのような主張をすればよいでしょうか？

⑵　Bさんが主張するように，人事考課のばらつきが部署によって大きく異なる場合，解雇基準の有効性に影響はあるでしょうか？

⑶　整理解雇基準それ自体は有効だとしても，基準の適用に関して，あなたよりAさんのほうが優先的に解雇対象とされるべきだといえるでしょうか？

⑷　会社が今回の整理解雇にあたって労働組合の組合員を減らそうとしていた場合，組合員であるあなたや労働組合は，会社に対して法的に何を主張できますか？

⑸　あなたとしては，会社からの解雇の意思表示を待たずに辞職することが得策でしょうか？　解雇される場合との違いを踏まえて考えてください。

## 4　解説・より深く

　今回議論した整理解雇の事例を考える際には，曖昧な法律要件の解釈方法がポイントとなる。特に，労働契約法第16条の要件は，「合理的な理由」や「社会通念上相当」など，具体的な事柄を特定しない「規範的要件」と呼ばれるタイプに分類される。このタイプの要件充足は，一定の価値判断が必要となるが，それが単なる恣意的判断となってしまっては法的安定性が保てない。そこで，法律の趣旨を踏まえて，これまで積み重ねられてきた裁判例を参考にしながら検討することが重要である。労働法の学習では，最高裁判決だけでなく，法解釈の具体的なバリエーションとして下級審判決を学ぶことが理解の近道になる。

## 整理解雇の4要件

　整理解雇とは，労働者に落ち度がなくても，業績悪化や経営不振など会社の都合で一方的に労働契約を解消するものである。そこで，会社の解雇権濫用の有無は，労働者の能力や行為に問題がある解雇のケースよりも厳しく判断しなければならないと考えられてきた。そして，1970年代頃から多くの裁判例が蓄積される中で，いわゆる「整理解雇の4要件」と呼ばれる四つの考慮要素を使った判断枠組みが形成されていった。それらは，①人員削減の必要性，②解雇回避努力義務の履践，③被解雇者選定の妥当性，④手続の妥当性，とまとめられる。これらの考慮要素は，法律上の「要件」ではなく，あくまでも客観的合理的理由と社会通念上の相当性を判断する上での，考慮要素の類型と位置づけられる。もっとも，いずれかの要素が揃わないと，結論として解雇無効と判断されることがほとんどである。

## 各考慮要素の内容

　このうち，人員削減の必要性（①）については，解雇をしなければ経営が立ちゆかなくなるほど厳しい状況なのかといったところまで，裁判所が検討することはない。裁判所は，経営判断の妥当性を積極的に判断するには適任ではないためである。人員削減の必要性が否定されたのは，整理解雇が必要といいながら同時に大量の新規採用を行っていたような事例にとどまる。したがって，残りの三つの考慮要素が重要になってくる。

　解雇回避努力義務（②）については，使用者はいきなり解雇するのではなく，残業の削減や配置転換，出向，新卒採用の中止，有期契約従業員の雇止め，希望退職などの努力をして，できるかぎり解雇を回避する義務を信義則上負っているとして，その義務を尽くしたかが判断される。ただし，企業規模や事情によってとりうる手段は異なるため，考えられることを全部やらなければだめというわけではなく，事案に応じて柔軟に判断する。このとき注意が必要なのは，正社員と非正規労働者の優先関係である。整理解雇の4要件が確立していった

時期は，いわゆる「終身雇用」の確立期でもあった。そこで，正社員を保護するためには非正規労働者を先に辞めさせるべきだと，当然のように考えられていた。つまり，整理解雇の4要件は正社員を優先して保護する枠組みだったわけだが，現在，非正規労働者は労働者全体の約4割にのぼり，家計を支えている人も少なくない。それでもなお，正社員を優先する枠組みを維持してよいのだろうか。これは，被解雇者選定の妥当性（③）の解釈にも関係する。

　被解雇者選定の妥当性（③）とは，人員削減の必要性があり，回避努力をしてもなお誰かを解雇しなければならないとして（上記①，②が認められるとして），その「誰か」の選び方の問題である。裁判例は，客観的で合理的な基準をたて，それに沿って誰を解雇するかを決めなければならないとしてきた。ただし，年齢はまさに「客観的」な基準だが，それが「合理的」かは別問題である。早期退職の代償や再就職支援なく53歳以上を解雇基準としたことは，労働者と家族の生活に対する配慮を欠くとして合理性を否定した裁判例もある（「ヴァリグ日本支社」事件（東京地裁平成13年12月19日判決））。業績などは客観的基準といえそうだが，査定などの評価が関係すると，恣意的な判断が混じる余地もある。「態度」や「姿勢」なども，客観性の担保が難しくなる。さらに，基準は客観的で合理的といえても，その適用に問題がある場合もありうる。例えば，年齢・職位・考課という基準自体は不当ではないが，人選が合理的かは各要素のうち何を重視し，どのような順序であてはめたかを検討・評価しなければならいとした裁判例もある（「横浜商銀信用組合」事件（横浜地裁平成19年5月17日判決））。なお，労働組合の組合員であることを理由とする解雇は，「不当労働行為」として禁止される（労働組合法第7条）。

　また，整理解雇の場合には，労働組合との協議を行うと取り決めている場合もある。そのような取り決めがない場合でも，使用者は信義則上の義務として，労働組合や労働者に対して十分な説明を行い，誠意ある協議をすることが求められる。手続の妥当性（④）は，事案に応じて，これらの信義則上の義務を尽くしたかを判断するものである。上記①～③の考慮要素が認められるような場合であっても，何の手続も尽くさず突然，一方的に解雇を通告したりするケー

スでは，濫用と判断される可能性が高まる。

### 違法な解雇の効果

　さて，解雇権濫用と判断されると，その法的な効果は「無効」となる。つまり，最初から解雇は効力を生じなかったことになるので，それまでの労働契約関係が今も続いていることになる。裁判で争い，解雇無効を理由とする労働者としての地位確認が認められると，労働者には（本当は無効だった）解雇から判決確定までの（本来得られるはずだった）未払賃金の請求権も認められる（民法第536条第2項）。もちろんその間，仕事はしていないのだが，違法な解雇をした使用者には「責めに帰すべき事由」があるため，労働者への賃金支払債務（労働債務の反対給付）の履行を拒むことができないからだ。

　他方で，どうせ会社にいられないならさっさと辞めてしまおう……と，自分から辞職を選ぶとどうなるだろうか。そもそも自発的退職や合意解約の場合には，「解雇」に対する法律上の制限はかからないため，注意が必要である。しかし，渋々，不本意ながらも退職勧奨に同意した場合や，退職願を出すよう強く迫られてしかたなく出してしまった場合は，どうだろうか。解雇されたのか，自発的に退職したのかでは，失業に対する雇用保険の給付額も違ってくる。合意を中心に，意思表示の内容と効果もあわせて理解しておこう。


## 学習用文献

### ＜書籍＞

- 森戸秀幸『プレップ労働法』第6版（弘文堂，2019年）
- 水町勇一郎『労働法』第7版（有斐閣，2018年）
- 菅野和夫『労働法』第12版（弘文堂，2019年）
- 村中孝史・荒木尚志編『労働法判例百選』第9版（有斐閣，2016年）
- 土田道夫・山川隆一編『労働法の争点』（有斐閣，2014年）

# 第12章

# 循環型社会の形成にむけて

## 【環境法】

　この章では，循環型社会の形成にむけて，私たち一人一人に何ができるのか，何をするべきなのかを考えていく。循環型社会とは，製品が廃棄物となることが抑制され，循環利用が促進され，処分する際にはそれが適正に行われることが確保され，天然資源の消費が抑制されて環境への負荷ができる限り低減される社会，と定義されている（循環型社会形成推進基本法第2条）。最近では特に，プラスチックごみの問題が世間を騒がせている。プラスチックは非常に便利な素材であるが，それを使い続けることにより，人の健康被害や環境汚染が引き起こされても良いのであろうか？　あなた自身の問題として捉え，市民としてできること，やるべきことを考えてみよう。

キーワード：持続可能な発展，予防原則，汚染者負担原則，拡大生
　　　　　　産者責任，経済的手法，情報的手法，プラスチックご
　　　　　　み

# 1 予習用資料

環境問題と一口にいっても，その内容は多岐にわたる。環境基本法では「公害」として，大気汚染・水質汚濁・騒音・振動・地盤沈下・悪臭・土壌汚染が挙げられているが（典型7公害，第2条第3項），それ以外にも，気候変動・生物多様性の減少・廃棄物・景観・化学物質管理など，解決すべき課題は山積みである。

環境法とは，上記のような多様な問題を解決するために制定された法令の総称である。上記に挙げたものの他，人気汚染防止法，水質汚濁防止法，土壌汚染対策法，そしてそれぞれについて政令や省令，施行規則が制定されている。それぞれの問題の特質に合わせて多様な手法を用いて，国や地方公共団体，事業者や市民の取り組みを促している。

## (i)環境法の基本理念

上記のように環境法は多数制定されているが，それらには通底する理念・原則がある。目的を示すものや，環境対策の実施に関するもの等いくつかあるが，ここでは循環型社会の形成に関連して，「持続可能な発展」「予防原則」「汚染者負担原則」「拡大生産者責任」を取り上げる。

### 持続可能な発展（Sustainable Development）

「持続可能な発展」は環境法が終局的に目指している目標といえる。1980年に世界自然資源保全戦略において用いられたことをきっかけに各種の国際文書で用いられ，1992年に「環境と発展に関する国連会議」（リオ・サミット）で採択されたリオ宣言で採用されたことで，日本でもよく知られるようになった。

1984年に国連に設置されたブルントラント委員会（正式名称は「環境と開発に関する世界委員会」）が1987年にまとめた報告書「我ら共通の未来」（Our Common Future）において，「持続可能な発展」は「将来の世代が自らの欲求を充

足する能力を損なうことなく，今日の世代の欲求をも満たすような発展」と定義された。ここには①環境容量，②世代間衡平，③世代内衡平の三つの要素が含まれている。①は，人間の活動を環境のキャパシティ内におさめること，②は，将来世代も現代世代と同じように自然資源を利用できるようにすること，③は，南北間の衡平や貧困の克服を図ることを意味している。

　環境基本法も「持続的に発展することができる社会」（第4条），「人類の存続の基盤である限りある環境」（第3条），「環境への負荷の少ない健全な経済の発展」（第4条）といった文言を用いており，特に①と②を重視した持続可能な発展を目的としているといえる。循環型社会を実現することは，ひいては持続可能な発展を実現することにつながる。

### 予防原則（precautionary principle）

　「予防原則」もリオ宣言第15原則で採用されている。現代では科学技術が飛躍的に発展していく一方で，それらがもたらしうる健康被害や環境汚染についての研究が追いついていないという状況がある。そのような状況で，有害だという科学的証拠が完全に出揃うまで何も対策を取らないとなると，過去に起こったような大きな健康被害や環境破壊を引き起こしてしまう可能性がある。予防原則は，科学的な不確実性がある中でも一定の場合には対策をとる必要があることを示している点が重要である。この点で，もう一つの原則である未然防止原則（preventive principle）とは異なる。化学物質や遺伝子編集された動植物など，人の健康や環境にどのような影響を与えるかに関してまだ科学的に完全には明らかにされていない事柄にどう向き合うべきなのか，ということを考えるときに一つの指針を示してくれる原則である。

> **リオ宣言第15原則**
> 深刻な，あるいは不可逆な被害のおそれがある場合には，十分な科学的確実性がないことをもって，環境悪化を防止するための費用対効果の大きな対策を延期する理由として用いてはならない。

### 汚染者負担原則（PPP: Polluter Pays Principle）

1972年にOECD（経済協力開発機構）が採択した勧告によれば，「汚染者負担原則」とは「受容可能な状態に環境を保持するための汚染防止費用は汚染者が負うべきであるとする原則」とされる。公害事件が引き起こされた時代，事業者はなにも防止措置を取らずに環境中に汚染物質を排出していた。そうしたことへの反省から，汚染防止費用をその排出者に負担させ（経済学では「外部不経済の内部化」という），同時に汚染防止費用について政府の補助金を禁止することで国際貿易上の歪みを生じさせないようにすることを目的として提唱されたものである。日本では汚染防止費用に加えて，環境復元費用や被害救済費用についても適用される正義と公平の原則として独自の発展を遂げた。

### 拡大生産者責任（EPR: Extended Producer Responsibility）

汚染者負担原則と関連して近年注目されているものとして，「拡大生産者責任」がある。循環型社会の形成に向けて重要となるリサイクルにかかる費用を誰に負担させるのか，という議論の中で注目されるようになってきた考え方である。これは，生産者の責任を製品のライフサイクルにおける消費後の段階まで拡大させる環境政策アプローチで，廃棄物の回収・リサイクルの責任・費用負担を事業者に負わせることを主たる内容としている。事業者は原材料の選択や製品の設計について決定する能力を持っているので，回収やリサイクルの責任を負担させることで，製品の設計を通じて製品のライフサイクルにわたって環境負荷が最小化されることが期待される（環境配慮設計，DfE: Design for Environment）。

### (ⅱ)環境政策の手法

環境法はそれぞれの環境問題の特徴に合わせて様々な政策手法を用いている。代表的なものとして「規制的手法」「経済的手法」「情報的手法」を取り上げる。

## 規制的手法

規制的手法とは，汚染物質の排出基準を定めてその遵守を排出者に法令で義務付け，遵守できなかった場合には行政罰や刑事罰等の権力的な作用によりその実効性を担保する手法である（刑罰に関する法規については第7章を参照）。産業公害への対策として典型的に用いられてきたもので，局所的な公害には非常に有効であるが，都市生活型公害（通常の事業活動や市民生活が集積して引き起こされる大気汚染や水質汚濁，気候変動等）には採用しにくいという問題もある。一人一人の市民の行動を監視して規制していくことは現実的ではないからである。

## 経済的手法

経済的手法とは，経済的なインセンティブまたはディスインセンティブを与えることで，事業者や市民を環境適合的な行動へ誘導する手法である。例えば，環境に配慮した製品の税金を安くする・補助金を出す，反対に環境負荷の高い製品に課税をする等のやり方がある。循環型社会の形成との関係では，デポジット制度が重要である。デポジット制度とは，商品の販売時に価格に「預かり金」（デポジット）を上乗せし，回収時にそれを払い戻す（リファンド）ことによって再使用や使用後の安全な処分を確保しようとする制度である。最近では野外イベントなどでリターナブルな飲み物容器にデポジットが課せられているのを見かけたことがある人も多いのではないだろうか。ドイツでは日常生活における飲料のペットボトルや瓶にもデポジットが課されており，多くの市民がスーパー等に容器を持って行ってリファンドを受けている。

## 情報的手法

環境保全活動に対して積極的な事業者や環境負荷の少ない製品等を評価し選択できるよう，事業活動や製品・サービスに関する環境負荷についての情報の開示・提供を進めることによって，各主体の環境配慮活動を促進しようとする手法である。次頁で示すようなマーク（図12-1）が製品パッケージに付けられているのを見たことがある人も多いだろう。これらは第三者機関によって環

エコマーク　　森林認証マーク　　MSC漁業認証　　エコサート認証

図 12 - 1　第三者機関認証マークの一例

出典：環境省 HP およびエコサート・ジャパン HP

境に優しい製品であることが認証されている証しである。他にも，例えば「遺伝子組換えでない」という表示を製品に付すことで，消費者の選択の自由を守ることができる。また，企業が自社の環境保護活動を「環境報告書」などの形で公表することで，株主・消費者・地域住民などのステイクホルダー（利害関係者）との情報交換や信頼関係の構築を助けるといった効果もある。

こうした環境法に関する基本原則と政策手法について理解した上で，以下の事例について検討してみよう。

## 2　討論用資料

### 事例 1 ：プラスチックごみ削減のためにはどうすれば良い？

「あなた」は，A 市役所の環境課で働いています。A 市では現在プラスチックごみの分別回収やゴミ袋の有料化等をしていませんが，最近のプラスチックごみの問題をうけて，市として取り組めることはないか，職場で議論が始まっています。あなたの先輩職員は，いまある法律の仕組みを使って，A 市でもプラスチックごみの分別回収を始めることを提案しました。それに対して，環境課長は苦い顔をしています。分別回収をするためには，ごみの収集日や人員を増やさなくてはならず，リサイクル事業者に引き渡すまでの間ごみを保管する場所も必要になるので，追加で多大なコストがかかるのです。「市長も良い顔しないんじゃないかなぁ」と言っています。

　実際，先んじて分別回収を始めた隣のＢ市では，かなり財政が圧迫されていると聞いています。あなたの同期の職員は，「ひとまず，プラスチックの容器包装の使用を控えるように市内の事業者に協力をお願いしましょう」と提案しています。後輩の職員は，「それだけじゃ効果が上がらないと思います。プラスチックごみ対策を進めるのは世界的な流れになっているし，使用を規制する条例をつくるべきです」と言います。3人の意見が割れました。3人の議論はやがて膠着していき，最終的にあなたにこう聞いてきました。

　「あなたは，どのような対策が良いと思う？」

## 事例2：プラスチックごみの削減と企業の利益

　「あなた」は，飲料メーカーでペットボトル等の容器のデザインや原材料を決定する部署に勤めています。最近のプラスチックごみの問題をうけて，ライバル会社は矢継ぎ早に対策を発表していて，あなたは頭を悩ませています。あなたとしては，ペットボトルやストローの原材料を生分解性のもの（微生物等の働きによって自然界で水と二酸化炭素に分解するもの）に切り替えたいと思っています。取引をしている生分解性プラスチックの素材メーカーの営業担当者は，「取引量を増やしてくれれば単価を安くしても良い」と言っています。

　しかし，社内では反対意見が多いのです。営業部は，「生分解性のものを使うと，従来のものと比べてコストが3倍になる，それはすなわち，3倍の売り上げを達成しなくてはいけないということだ。さもなくば，商品の価格を引き上げるほかない。そうしたら消費者が離れて営業利益が下がってしまう」と言って反対しています。広報部は，「ライバル各社がどんどん対策を発表している中，我が社だけ何もしないのでは会社のイメージを損なってしまう。消費者には環境に配慮した会社だというメッセージを届けることが重要だ」と言います。たしかに，マーケティング部が行った消費者アンケートによれば，環境に配慮している会社の製品を買いたいという人は年々増えています。それぞれが会社のためを思って意見を言っていますが，議論は平行線をたどっています。

あなたは担当者として，一週間後には具体的な提案を会議でプレゼンテーションし，会社の方針をまとめなくてはいけません。期日がせまって，胃がキリキリと痛みます。

## 3　討論用クエスチョン

(1) 事例1について：各職員が提案した政策について，それぞれのメリットとデメリットを挙げてください。その上で，あなたはどのような法政策が適切だと思いますか？

(2) 事例1について：市として独自のプラスチックごみ削減対策を始めるとしても，事業者や市民からは大きな反発が予想されます。どのように説明をすれば協力が得られるでしょうか？　環境法の基本理念を念頭に，具体的にどのようにして説得をするか，議論してみましょう。

(3) 事例2について：あなたが直面している状況は，環境法原則でいうところの何が問題となっているのでしょうか？

(4) 事例2について：あなたは，各部署を説得するために，どのような提案をしますか？　できるだけ合理的な理由を用いて，各部署を説得できる案を考えてみましょう。

(5) 事例2について：この中にはプラスチック容器を使った商品を実際に購入する消費者は登場していません。しかし，当然，消費者である市民の行動が会社の判断に影響を与えます。市民としてはどのような行動をするべきなのでしょうか？　具体的にとりうる行動を議論してみましょう。

## 4　解説・より深く

　現在日本や世界ではどのような取り組みが進められているだろうか。あなたが議論したようなことは実際に行われているのだろうか。

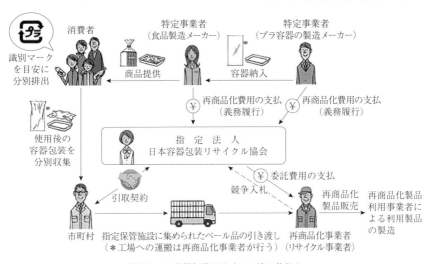

図12-2　容器包装リサイクル法の仕組み

出典：容器包装リサイクル協会 HP より作成

## 容器包装リサイクル法

　食品トレーやペットボトルをはじめとする容器包装廃棄物は家庭ごみの約6割（容積比）を占めている。これらをリサイクルするために1997年に制定されたのが容器包装リサイクル法である（事例1で出てきたのはこの法律である）。これは，市町村がこの法律に則って分別収集をすると決めた場合に，消費者には分別排出，市町村には分別収集，事業者（容器の製造事業者・容器包装を用いて中身の商品を販売する事業者等）には再商品化（リサイクル）を行う義務が生じ，三者が一体となって容器包装廃棄物の削減に取り組むことを目指した法律である（図12-2）。「プラ」マークがついたものを他のごみと分けてごみ出しをしている人は，この法律に基づいて分別収集をしている自治体に住んでいるということになる。

　この法律によりリサイクル率は向上したが，一般廃棄物の排出量自体は高止まりしている。つまり，ごみを減らす「リデュース」は進んでいないというこ

とである。また，せっかくこの法律に基づいて集められた廃プラスチックが国外に流出し，現地で汚染を引き起こしたり，国内のリサイクル業者に原料が集まらなかったりするという問題も発生している。そして，2017年には，中国が廃プラスチックの輸入停止を決定し，マレーシアなどもそれに続くことを表明した。これにより，今までそうした国に廃プラスチックを輸出していた日本やEU は早期の対策が求められている。最近にわかにプラスチックの問題が注目され始めたのにはこのような背景がある。

### 国際的な取り組み

2018年の G7 では「海洋プラスチック憲章」がまとめられた。この憲章ではリサイクル率や再生素材利用率等について具体的な数値目標を設けた。しかし，アメリカと日本は署名しなかった。日本政府は国内法の未整備などを理由に挙げている。また，2019年には有害物質の越境移動に関するバーゼル条約が改正され，汚れたプラスチック廃棄物は輸入国の同意がなければ輸出できなくなることが決まった。さらに，2019年の G20 では「大阪ブルー・オーシャン・ビジョン」がとりまとめられ，新たな海洋プラスチック汚染を2050年までにゼロにすることを目指す合意がなされた。ただ，2050年にはプラスチックごみが海洋生物より多くなるという試算もあるため，より前倒しで取り組みを進めることが求められる。EU では代替品のあるものから使い捨てプラスチックを規制する法律を2019年に成立させた。

### 事業者の取り組み

予習用資料で見たように，事業者には大きな役割が期待される。今のところ，法律に基づく義務は諸外国に比べると多くないが，多くの事業者は CSR（Corporate Social Responsibility, 企業の社会的責任）や事業の持続可能性という観点から自主的に様々な取り組みをしている。使い捨てプラスチックについていえば，多くの飲料メーカーが回収やリサイクルについての目標を設定し始めた。化学メーカーはプラスチックの代替品の研究を進めていて，石灰石から紙やプラス

チックの代替素材をつくる技術や，海洋に流出しても素早く分解される素材で
ペットボトルをつくる技術が開発されている。スーパー等の小売り業者も，レ
ジ袋対策だけではなく，肉や魚のプラスチックトレーを使わないなど包装を簡
素化するところが出てきている。その他にも，SDGs（持続可能な開発目標）へ
の注目の高まりから，環境問題や社会問題を念頭においた活動をする企業は増
えている。例えば金融業界でも，環境・社会・企業統治に配慮している企業へ
の投資を進める ESG 投資（環境（Environment）・社会（Social）・ガバナンス
（Governance）に力を入れる企業への投資）が注目されている。

### 市民の取り組み

　それでは，市民はどのような取り組みをしているだろうか？　最後の討論用
クエスチョンで市民の取り組みについて議論をしたが，果たしてそれで十分だ
ろうか？　私たちは1日の生活の中で，そうとは意識せずとも，たくさんの選
択をしている。「ランチになにを食べようか」「シャンプーが切れていたんだ，
新しいの買わなくちゃ」「夕飯のメニューはどうしようかな」「喉乾いた，アイ
スティーが飲みたい」。そうした一つ一つの選択をするときに，一人一人が環
境に配慮していくことが重要である。一人一人の取り組みは小さいものに思え
ても，それらが広がり積み重なることで，社会を動かすことになる。なぜなら，
環境に配慮した製品を買う消費者（グリーンコンシューマー）が増えれば，事業
者はそうした製品をたくさん作るようになって価格も下がる。事業者からの反
発が少なく，市民の声が大きければ，国や自治体も積極的な法政策を実施しや
すくなる。市民が環境問題を「自分ごと」として捉え，自らの生活を見直して
いくことが，まずなによりも大切である。

## 学習用文献

### ＜書籍＞
- 青木淳一・秋山豊子・大平哲・金谷信宏・小林宏充・杉本憲彦・六車明

『法学・経済学・自然科学から考える環境問題』（慶應義塾大学出版会，2017年）

- 大塚直編『18歳からはじめる環境法』第2版（法律文化社，2018年）
- 北村喜宣『環境法』（有斐閣，2015年）
- 日本環境化学会編『地球をめぐる不都合な物質』（講談社，2019年）


＜裁判例＞
- ライフ事件（東京地裁平成20年5月21日判決）
- ごみ有料化条例無効確認請求事件（横浜地裁平成21年10月14日判決）


＜裁定＞
- 杉並病事件（公害等調整委員会平成14年6月26日裁定）

第13章

# ディスカウントと消費者の利益

## 【経済法】

　本章では，経済法（独占禁止法）に関する問題として，「ディスカウントと消費者の利益」を検討します。ディスカウント（割引）はありふれたことであり，「同じ商品・サービスならば安いに越したことはない！」と考えるのは当然でしょう。世の中には多種多様な商品・サービスが存在し，会社等の事業者は商品・サービスの品質や価格をめぐって市場で競争しています。そして，競争の過程ないし結果として，私たちは優れた商品・サービスを驚くほど安く購入できることがあります。

　しかし，私たちが安く購入できていれば，会社等の事業者もそこで働く人々もハッピーなのでしょうか。大学生のあなたが主人公の事例で考えてみましょう。

キーワード：セット割引，バンドル・ディスカウント，不当廉売，
　　　　　　抱き合わせ販売，割引総額帰属テスト

# 1 予習用資料

　はじめに，「経済法」はその名称をそのまま冠した教科書や大学の授業科目が広く見られるように，現代では「独占禁止法」の別称のように用いられているが，正確には，経済法という名称の法律は存在しない。両者の歴史的展開など細かい話は別の教科書に譲り，ここでは簡潔な説明にとどめるが，経済法は，近代市民社会の形成・発展期において，個人に代表される私人の経済活動に最大限の自由を確保するために，私人の経済活動に対する国家権力の介入を極めて限定する「法」として成立した。しかし，近代市民法としての経済法は，市場の機能不全による深刻な「市場の失敗」に直面することが多かったため，資本主義社会の発展過程において，必要に応じた国家権力の介入を通じて市場機能の維持を目指すように修正された。そして，市場経済体制における自由競争秩序の維持を担う基本法として，独占禁止法（国際的な通称は「競争法」）が日本を含む諸国で成立し普及している。

　さて，本章で検討する「ディスカウント」であるが，独占禁止法は価格競争をめぐる問題も扱っており，後記の不当廉売の項で説明するとおり，企業努力や正常な競争過程を反映した安売り（ディスカウント）であれば，独占禁止法違反とはならない。また，一つの商品・サービスをめぐる価格競争が独占禁止法違反となるか否か（不当廉売に該当するか否か）の判断基準・方法はおおむね確立している。他方，近年，独占禁止法上の問題として理論上・実務上の注目を集めている「セット割引」（バンドル・ディスカウント）については，独占禁止法違反の判断基準・方法はいまだ確立していない。「セット割引」とは，ある事業者が複数の種類の商品を生産・販売しているときに，商品Ａと商品Ｂの販売価格をそれぞれ割り引くのではなく，消費者などの顧客が商品Ａと商品Ｂを両方購入する場合に，両商品の合計販売価格を割り引くことを指す。また，セット割引が行われる場合，①顧客は商品Ａと商品Ｂを異なる売手から個別に購入できる一方，②セット割引が適用された販売価格は両商品を個別に購入

する場合よりも安いという特徴がある。

　セット割引をめぐる独占禁止法上の問題（論点）はいろいろとあるが，本章では，資料を使った討論に備えて，不公正な取引方法のうち二つの行為類型（不当廉売と抱き合わせ販売）に関する基礎的理解を確認する。

### 不当廉売とは

　不当廉売について，独占禁止法第2条第9項第3号は「正当な理由がないのに，商品又は役務をその供給に要する費用を著しく下回る対価で継続して供給することであって，他の事業者の事業活動を困難にさせるおそれがあるもの」と定めている。簡単に言えば，ある事業者が商品などをコスト割れの価格で販売することによって，そのライバル企業のビジネスが行き詰まるおそれを生じる場合，そのような安売りは独占禁止法に違反する不公正な取引方法と評価される，ということである。良い商品や優れたサービスが安い価格で提供されること（私たち消費者が購入したり利用できること）はすばらしい。しかし，事業者が売れば売るほど赤字になるような採算度外視の安売りを仕掛けることは，その事業者と取引する私たち消費者にとってはハッピーなことかもしれないが，その事業者と同じビジネスを展開するライバル企業の事業が立ち行かなくなるならば問題である。なぜならば，採算度外視の安売りが続いた場合，ライバル企業の多くが競争上対抗できなければ，いずれは，採算度外視の安売りを仕掛けた事業者だけが市場で生き残り，ライバル不在の状況を好機とみて，法外に高い価格で商品やサービスを供給するようになるかもしれないからである。そして，そのような状況が出現すると，私たち消費者は良い商品や優れたサービスを安い価格で購入したり利用することができなくなってしまうだろう。このような状況が生じないよう，独占禁止法は事業者に対して「無茶苦茶な安売りはダメですよ」という常識的な制限を設けている。

　事業者が自らの事業効率の良さを反映して低価格戦略を採る（安売りをする）ことは構わず，その結果としてライバル企業のビジネスが立ち行かなくなったとしても，それは正常な競争の過程で起きることであって問題はない。独占禁

止法による常識的な制限とは，公正な競争秩序を害する『不当な』安売りは NG であるということ，言い換えれば，「正当な理由なくコスト割れの価格を設定するなど，企業努力や正常な競争過程を反映しない安売りは，自分よりも優れた方法で事業を展開するライバル企業さえも苦しめるものであって，市場における公正かつ自由な競争と評価される行為ではないのでダメですよ」ということである。『不当な』安売りによる略奪的価格設定や新規参入の阻止を通じて市場支配力の形成・維持・強化を図ること（自由競争減殺）が，不当廉売の公正競争阻害性であり，独占禁止法による規制を必要とする理由である。事業効率の良さを反映した安売りであるか否か，これが『不当な』安売りであるか否かを判断するうえで重要であり，独占禁止法第 2 条第 9 項第 3 号は「供給に要する費用を著しく下回る対価」による安売りに不当廉売の可能性を見出している。

## 不当廉売の行為要件

「供給に要する費用」は総販売原価（製造原価もしくは仕入原価＋販売費＋一般管理費）のことで，要するに，商品やサービスの供給に必要なすべての費用を指している。条文はそのような費用を「著しく下回る」ことを要求しているが，具体的には，平均可変費用または平均回避可能費用を下回る場合が「著しく下回る」に該当すると考えられている。何やら難しそうな「費用」が登場したが，これらはいずれも限界費用（モノの生産量増加分 1 単位当たりの総費用増加分）にほぼ一致するコストのことで，両者の細かな違いを無視して単純に言えば，「商品を供給しなければ発生しない費用」を意味している。このような費用を下回る（回収できない）価格を設定すれば，売れば売るほど損失となり，まさに採算度外視の安売りといえる。そして，事業者がそのような採算度外視の安売りを継続することは，その事業者自体にとって利益にならないばかりか，自社よりも事業効率で優れるライバル企業さえも窮地に追い込みかねないものであり，企業努力や正常な競争過程を反映せずに市場支配力の形成・維持・強化を図る『不当な』行為と評価できる。

　なお，「供給に要する費用を著しく下回る対価」による安売りであっても，一時的なことであれば，ライバル企業が窮地に追い込まれたり，市場における正常な価格競争が機能しなくなる危険は少ないか無いといえるだろう。そのため，独占禁止法第2条第9項第3号は，そのような安売りが「継続して」行われることを要求しており，不当廉売という行為の該当性については，事業者のビジネスの実態や業種，安売り（価格競争）の対象となっている商品の特性などを考慮して，ライバル企業のビジネスが立ち行かなくなるおそれがあるほどに継続する可能性がある安売りか否かも判断される。

## 公正競争阻害性と「正当な理由」

　不当廉売の公正競争阻害性は自由競争減殺であり，有力な事業者が行為要件の項で説明したような採算度外視の安売りを継続し，その結果として，その事業者の商品の販売量が急増するなど市場における地位を高める場合には，ライバル企業のビジネスが実際に立ち行かなくなっていないとしても，「他の事業者の事業活動を困難にさせるおそれ」があると判断される。また，このような判断の際に，「他の事業者」（ライバル企業）の事業効率が自社と同等以上に優れているならば，そのようなライバル企業が立ち行かないほどの安売りは不当であると評価しやすいが，事業効率が劣るライバル企業を排除する場合についても，市場における公正かつ自由な競争を阻害する（競争的抑制を低下させる）ことになるため，公正競争阻害性があると判断することが適当となる。

　なお，独占禁止法第2条第9項第3号が定める行為要件を充たす場合でも，自由競争減殺という効果は必ず生じるわけではない。①市場における価格競争が激しく，「供給に要する費用を著しく下回る対価」の設定が一時的な競争対抗行動に過ぎない場合，②事業者が市場へ新規参入する際に，自社の商品やサービスに対する認知度向上やプロモーションの一環として，一定期間に限りコスト割れの販売価格を設定して顧客を獲得しようとすること，③商品の原材料価格が短期間に急騰するなど市場環境の激変に対して，そのコスト増加分を商品の販売価格に順調に反映できなかった結果として，コスト割れの販売価格が

継続した場合など，「正当な理由」がある時には独占禁止法違反とならない。

　抱き合わせ販売とは

　抱き合わせ販売について，不公正な取引方法の一般指定第10項は「相手方に対し，不当に，商品又は役務の供給に併せて他の商品又は役務を自己又は自己の指定する事業者から購入させ，その他自己又は自己の指定する事業者と取引するように強制すること」と定めている。これは独占禁止法第2条第9項第6号ハの「不当に競争者の顧客を自己と取引するように……強制すること」を受けたものであり，一般指定第10項の前段が抱き合わせ販売を，同項の後段がその他の取引強制を定めている。簡単に言えば，事業者がAとBという二つの異なる商品を製造し小売業者へ販売しており，その事業者は商品Aの販売分野で有力な地位にあるときに，小売業者に対して「Aを仕入れたいならば，Bも合わせて買わなければダメだよ。」という具合に，Aの「供給に併せて」Bを「購入させ」ることを抱き合わせ販売と呼ぶ。

　抱き合わせ販売の行為要件

　一般指定第10項は「商品又は役務」を取引の対象として定めているが，以下，Aは「主たる商品」と，Bは「従たる商品」と呼ぶ。抱き合わせ販売の行為要件は，①主たる商品と従たる商品が別個の商品であること，②主たる商品の購入に併せて従たる商品を「購入させ」るという取引の強制が行われることである。

　①について，別個の商品であるかどうかは，「組み合わされた商品がそれぞれ独自性を有し，独立して取引の対象とされているか否かという観点」から，それぞれの商品について「需要者が異なるか，内容・機能が異なるか，需要者が単品で購入することができるか」などを総合考慮して判断する（公正取引委員会「流通・取引慣行に関する独占禁止法上の指針」第1部第2の7(3)）。上記の例を使って説明すれば，AとBを組み合わせて単一の商品として販売するとき，その組み合わせを通じて商品の内容や機能が実質的に変更されている場合，A

とBのそれぞれではなく単一の商品として販売することが通常である場合な
どにおいては，抱き合わせるという行為に該当しないと判断される。たとえば，
シャンプーとリンスは異なる商品であるが，二つの商品を旅行用のミニセット
という一つのパッケージとして販売する場合，これは抱き合わせるという行為
に該当しない。リンスインシャンプーという商品が実在するように，シャンプ
ーとリンスは同時に使用されることが多く，ミニセットは旅行時の少量携行や
現地購入に利便性がある販売方法と評価できるためである。公正取引委員会も，
「複数の商品を組み合わせることにより，新たな価値を加えて取引の相手方に
商品を提供することは，技術革新・販売促進の手法の一つであり，こうした行
為それ自体が直ちに独占禁止法上問題となるものではない」という見解を明ら
かにしている（前記指針・第1部第2の7(1)）。

　②について，「購入させ」ることに該当するかどうかは，主たる商品を購入
することについて，客観的に見て少なからぬ買手が従たる商品の購入を余儀な
くされているか否かで判断される。抱き合わせ販売を行う事業者が主たる商品
の市場で有力な地位を占めていれば，「購入させ」ることに基本的には該当す
る。また，主たる商品の購入後に必要となる補完的商品などの購入を余儀なく
させることも「購入させ」に該当する。

## 公正競争阻害性

　抱き合わせ販売の公正競争阻害性は，①自由競争減殺と②競争手段の不公正
のいずれかまたは両方に求められる。前者は，抱き合わせ販売を行う事業者が
主たる商品の市場で有力な地位を占めていて，従たる商品の市場における自由
な競争を減殺すること（市場閉鎖効果）を問題とする一方，後者は，買手の商
品やサービスの選択の自由を妨げるおそれがある競争手段であり，能率競争
（価格や品質に基づく競争）の観点から見て不公正であることを問題とする。

　①について，抱き合わせ販売が独占禁止法違反となる場合，その多くでは自
由競争減殺が基本的に問題とされるが，自由競争減殺（市場閉鎖効果）という
公正競争阻害性の有無は，主たる商品と従たる商品のそれぞれの市場における

地位（市場シェアや順位で評価），従たる商品市場における競争者の状況，抱き合わせ販売の対象となる買手の数や範囲，抱き合わせ販売の具体的な影響等（買手の購買行動の変化など）を考慮して判断される。主たる商品市場における地位の高さ，抱き合わせ販売の実行期間，抱き合わせ販売の対象となる買手の数や範囲に比例して，市場閉鎖効果が生じる可能性は高くなる。また，従たる商品市場における商品差別化の程度に反比例して，買手がライバル企業の従たる商品を購入しなくなるおそれが強くなり，市場閉鎖効果が生じる可能性も高くなる。

　②について，競争手段の不公正が認められるべきかどうかは，「主たる商品の市場力や従たる商品の特性，抱き合わせの態様のほか，当該行為の対象とされる相手方の数，当該行為の反復，継続性，行為の伝播性等の行為の広がりを総合的に考慮」して判断される（前掲指針・第1部第2の7(2)（注10））

　さて，基礎知識を確認できたところで，以下の事例について討論に臨んでもらいたい。

## 2　討論用資料

### そのセット割引に競争上対抗できますか？

　この春に大学3年生になった「あなた」は，春休みに大学生活を振り返り，「友達と遊んだり楽しいことは多かったけれど，大学の授業はあまりマジメに取り組まなかったなあ。サークルの先輩たちもそうだったけれど，3年生はインターンシップに参加したり就職活動のことを真剣に考えなければいけないから，ちょっと気持ちを入れ替えないとな。」と考えたものの，今日も4時限の授業をサボって，大学のカフェテリアで友達と他愛もない話題で談笑しています。父親，母親そしてあなたという家族3人暮らし。自宅通学のあなたは，小学校以来，大きな不自由を何も感じることなく学校生活を送ってきて，大学入学後は「学生時代はいましかない！　楽しまないと！」と無邪気な考えで毎日

を送ってきました。でも，誰にも真剣に相談していないけれど，自分の将来を
ちょっと不安に感じていることも事実です。とりあえず，このあとは友達と夕
食を済ませてから帰ります。

　あなたの父親は，家庭用プリンターのカートリッジなど印刷機器用部品の大
手メーカーである A 社に勤めていて，若い時は全国の家電量販店などへ商品
を卸す営業マンとして働き，いまは営業部長を務めています。家庭用プリンタ
ーはあなたの家にもある身近な商品であり，就職活動を意識し始めたあなたは，
特に理由はないけれど，「プリンターは誰もが使うものだし，日本には世界的
に有名なブランドもあるしな。そういう大手のメーカーで働くのもいいかな
あ。」と思うことも。でも，あなたは，印刷機器や印刷機器用部品のビジネス
は当然のこと，それぞれのメーカーで働くことの具体的なイメージを持ち合わ
せておらず，「このまま就職活動をするのはヤバいかなあ。インターンシップ
に参加するか。あ，父親にも話を聞いてみよう。ちょっと面倒だけど。」と少
し不安を感じている今日この頃です。

　友達との夕食を終えて帰宅すると，あなたよりも早く帰宅していた父親が深
刻な表情を浮かべてソファに座っています。こんな父親の姿はとても珍しいの
で，さすがに心配になったあなたが「どうしたの？」と尋ねてみると，父親は
とても気まずい様子で重い口を開きました。

　「実は，ずっと売れ筋だったカートリッジがさっぱり売れなくなって，会
　社の業績がこの数年間とても悪いんだよ。社員を減らすリストラの計画はな
　いんだけど，給料というか，とりあえず今年のボーナスはなしということに
　なってしまってね……。とても言いづらいんだけど，大学の学費を払う余裕
　があるかどうかとか，いろいろと考えなければいけないなと思っていてね
　……。」

まったく予想外の話を聞いたあなたはパニックになりそうでした。「大学の学費を払えるかどうかわからない？　そんなことになったら……」「学費のこともあるけど，そもそも，ウチの生活は大丈夫なのか？」「リストラはないと言ってるけど，父親はそれなりの年齢だし，いずれ会社をクビになるんじゃないか……？」いろいろなことを瞬時に心配したあなたですが，この場で父親にあれこれと質問しても混乱すると思い直して，一つだけ質問してみることにしました。

　「すごく大変なことが起きてるみたいだけど，原因は売れ筋商品がさっぱり売れなくなったことだよね。それなりに大きな会社だと思うんだけど，どうしてそんなことが起きるの？」

父親は少し考えた後に，次のように答えてくれました。

　「ウチの会社は印刷機器用部品のメーカーだから，カートリッジを作って売るんだけど，家庭用プリンターのメーカーはプリンターだけでなくカートリッジも作って売るんだよね。で，いまはネットショッピングの時代だからさ，お客さん（消費者）は自分が持ってるプリンターに合うカートリッジをネットショップで買うわけ。それでさ，単純に説明するとね，家庭用プリンターの最大手メーカーのX社がさ，プリンターとカートリッジの両方を買うお客さんに対してセット割引（バンドル・ディスカウント）で売っていてさ，その販売価格がとても安いわけ。おまけに，プリンターを初めて買うお客さんだけじゃなくて，プリンターを買った時に会員登録をしたお客さんであれば，その後はネットショップで登録情報を入力してカートリッジを買えば，通常価格の4割引きで買えるんだよね。そうすると，X社のネットショップで買うお客さんがとても多くなるわけ。ウチのカートリッジの販売価格も会社が頑張ってかなり安くしてるんだけど，X社にはどうしても勝てなくてね。」

　「どうしてX社に勝てないかというと，そもそも，会社はカートリッジを売って利益を上げなきゃいけないわけだから，そもそも，その販売価格とい

うのは，カートリッジを作る段階のコスト（限界費用）を回収できるように設定しなければ，カートリッジが売れれば売れるほど赤字になっちゃうわけ。X社に勝とうとすると，ウチの会社が作るカートリッジの販売価格は赤字ギリギリになったりしちゃうんだよね。」

　大手のメーカーで働く父親でさえもビジネスの危機に直面しているという事実は，就職活動を意識し始めたばかりのあなたには大きな衝撃でした。「大企業でも赤字ギリギリで勝負にならないって，一体，どうしてそんなことになるんだ？」

## 3　討論用クエスチョン

　あなたは後日，赤字ギリギリになる仕組みについて，父親から下記の資料（表13-1）を示して説明してもらうことができました。

表13-1　販売価格と限界費用の関係

| | X社の限界費用 | A社の限界費用 | 販売価格 |
|---|---|---|---|
| プリンター | 1万6,000円 | ― | 3万2,000円 |
| カートリッジ | 4,000円 | 3,500円 | 7,000円 |
| プリンター＆カートリッジ | 2万円 | ― | 3万5,000円（X社のセット割引） |

　X社は，家庭用プリンターの最大手メーカーであり，カートリッジも生産・販売しています。他方，あなたの父親が勤めるA社は，家庭用プリンターのカートリッジなど印刷機器用部品の大手メーカーであり，プリンターは生産・販売していないものの，カートリッジの限界費用はX社よりも少ないため，カートリッジの生産活動に係る事業効率ではX社よりも優れています。X社のプリンターの販売価格は3万2,000円，カートリッジの販売価格はX社もA社も7,000円であり，X社がセット割引で設定する販売価格は3万5,000円となっています。

(1) A社は，カートリッジの生産活動に係る事業効率ではX社よりも優れています。なぜ，A社は赤字ギリギリになってしまうのでしょうか？

(2) X社のセット割引は，独占禁止法に違反するでしょうか？　①違反する場合，具体的にどのような違反行為であると評価すべきでしょうか？また，②違反しない場合，なぜ違反しないと評価すべきでしょうか？

(3) 限界費用は1万8,000円，販売価格は3万2,000円である家庭用プリンターのメーカーY社が存在した場合，A社が赤字ギリギリの状況から脱する方法はあるでしょうか？　できる限り具体的な方法を挙げてください。


## 4　解説・より深く

　セット割引（バンドル・ディスカウント）が有する競争促進効果と競争制限効果については，公正取引委員会競争政策研究センターが2016年12月に公表した報告書「バンドル・ディスカウントに関する独占禁止法上の論点」（以下，「CPRC報告書」）がそれらの要点を説明している。簡単に言えば，買手がその事業者からセット割引の対象商品をそれぞれ個別に購入する（割引基準に達しない数量等で購入する）場合と比べて，対象商品を一括購入する（割引基準に達する数量等で購入する）ほうが総購入額が少なくなることに着目すれば，セット割引は低価格設定の一種であり，競争促進効果が一般に認められる販売方法である。

　他方，セット割引は不当廉売や抱き合わせ販売という複合的性格をもつ販売方法であり，CPRC報告書も複数の独占禁止法違反行為に該当する可能性を指摘している。例えば，本稿では取り上げていない行為類型として，差別対価（法第2条第9項第2号，一般指定第3項），不当顧客誘引（一般指定第9項），不当な取引妨害（一般指定第14項），排除型私的独占（法第2条第5項）などに該当する可能性も挙げられている。

　上記の事例について検討すべきことは，セット割引という安値販売が，①カートリッジ市場の競争者（A社）に及ぼす影響，②プリンターを一度購入すれ

ばカートリッジも繰り返し購入することになる消費者に及ぼす影響，③カート
リッジ市場の競争に及ぼす影響，④プリンター市場の競争に及ぼす影響，とい
う4つの事項となる。これらの事項を考慮しながら，予習用資料で挙げた不公
正な取引方法の行為類型の該当性を考えてみる。

### 不当廉売

　設問(1)「なぜ，A社は赤字ギリギリになってしまうのでしょうか？」につ
いて。単純に考えるために限界費用以外のコストを無視すると，A社は，カ
ートリッジを一つ販売することで3,500円の利益を上げることができるため，
カートリッジの販売競争が激化して価格の低落が起きない限り，何の問題もな
くビジネスを続けることができそうである。しかし，以下のとおり，X社が
セット割引で販売すると，競争の様相は一変する。

　X社のセット割引による販売価格は，プリンターとカートリッジの個別販
売価格の合計よりも4,000円安い。そして，X社のプリンターを初めて買う新
規顧客の場合，カートリッジもX社から買えば，セット割引が適用されるた
め，購入価格の合計は3万5,000円となる。他方，カートリッジだけをA社か
ら買うと，購入価格の合計は3万9,000円（3万2,000＋7,000）となり，X社か
らセット割引で買う場合よりも4,000円多く支払う必要がある。これでは新規
顧客にはおトクな買い物にならない。このとき，A社は4,000円の値下げをし
なければ，X社の新規顧客にA社のカートリッジを買ってもらえないが，そ
れを実行すると赤字ギリギリどころか正真正銘の赤字になってしまう（販売価
格7,000－4,000＝3,000＜限界費用3,500）。

　また，X社に会員登録した既存顧客の場合，カートリッジを「通常価格の
4割引きで買える」ことになるため，カートリッジの販売価格は4,200円とな
る。A社がカートリッジの販売価格を4,200円以下に値下げしなければ，既存
顧客はA社から購入しなくなり，X社がカートリッジの販売市場で競争上優
位な地位を獲得するだろう。そこで，A社が値下げを実行すると，カートリ
ッジ一つの販売から得られる利益は700円（4,200－3,500）となり，赤字とはな

らないものの，X社がセット割引を行わない場合（＝個別販売価格で競争する場合）と比べると，利益は2,800円も減少してしまう。このように，X社の新規顧客であれ既存顧客であれ，A社がX社のセット割引に競争上対抗しようとすると，A社がカートリッジの販売から得られる利益はマイナスまたは大幅減少になってしまう。

　それでは，このような事態を生じさせるX社のセット割引は，不当廉売に該当するだろうか。セット割引の販売価格は3万5,000円であり，プリンターとカートリッジの限界費用の合計を1万5,000円も上回っているため，独占禁止法第2条第9項第3号が定める「供給に要する費用を著しく下回る対価」に該当しない。他方，セット割引の販売価格は，両商品の販売価格合計額よりも4,000円安く，この割引額をすべてカートリッジの販売価格に適用すると，カートリッジの実質的な販売価格は3,000円となり，X社の限界費用を1,000円下回るコスト割れ販売であると評価できる。このような評価方法は，CPRC報告書でも紹介されているとおり，「割引総額帰属テスト」と呼ばれる。

　しかし，3,000円というカートリッジの「実質的な販売価格」は仮想上の（計算上の）ものであり，セット割引の販売価格と限界費用を比べるとコスト割れではないことは前記のとおりである。X社は，プリンターとカートリッジの両方で自社商品を購入する顧客（既存顧客の場合は，ユーザー登録をした会員顧客）に対して，セット割引という方法で販売価格を優遇し，プリンターとカートリッジの販売量を増やそうと努力しているだけではないだろうか。X社の企業努力や正常な競争過程を反映せずに市場支配力の形成・維持・強化を図る『不当な』行為と評価すべきなのか，議論が分かれるところだろう。例えば，「X社が，各商品の個別販売価格を値下げせずに，セット割引だけで値下げするという行為は，その割引額がX社の効率性の向上に伴う費用削減額を超えるものであるならば，経済合理性を欠く行為，すなわち，正常な競争手段の範囲を逸脱するような（独占禁止法の目的に反するような）競争行動ではないか。」という考え方もあるだろう。あるいは，「X社におけるセット割引の販売価格と限界費用を比べてコスト割れでなくても，割引対象商品の一部で実質的な販

売価格がその限界費用を下回るならば，その商品だけを販売する事業者（A社）が競争上対抗することは困難になるため，正常な競争手段として許容されるべきではない。」という考え方もあるだろう。セット割引が『不当な』価格競争の方法と評価されるべき場合について，設問(3)のシナリオの場合も含めて，討論のメンバーと意見を出し合って議論を深めてほしい。

## 抱き合わせ販売

　設問(1)は不当廉売の項で解説したため，早速，設問(2)について考えていく。プリンターとカートリッジは，「それぞれ独自性を有し，独立して取引の対象とされている」商品であるため，お互いに別個の商品の関係にあることは明らかである。それでは，X社は，プリンターという主たる商品の販売にあたって，カートリッジという従たる商品を顧客に「購入させ」ているのだろうか。「購入させ」るという取引の強制があると判断するためには，X社からプリンターを購入する新規顧客やユーザー登録をした既存顧客について，客観的に見て少なからぬ顧客がX社からカートリッジも購入することを余儀なくされていると評価できる事実が必要である。

　X社のセット割引は，「ウチのプリンターを買いたければ，カートリッジもウチから買わねばならない！」と顧客に直接求めるものではない。「カートリッジの性能や品質はA社のほうが優れている。」と考えて，セット割引を受けずに（価格差を許容して）A社からカートリッジを購入する顧客が多いという可能性もある。少なくとも，価格差を無視すれば，顧客は主たる商品と従たる商品を別々に購入することが可能である。

　それでは，カートリッジの性能や品質に際立った差異がなく，顧客が販売価格を重視して購入先を決定している場合はどうだろうか。X社のセット割引が「購入させ」（取引の強制）に該当すると評価される余地はないだろうか。「カートリッジの個別販売価格と実質的な販売価格の差が著しく大きいのであれば，顧客はセット割引に応じることを余儀なくされていると評価すべきではないか。」ということである。実は，セット割引に関する独占禁止法上の問題

は，日本だけでなく欧米の国・地域でも見られることであり，アメリカでは割引総額帰属テストが「購入させ」（取引の強制）の識別基準として採用された裁判例もある。「X社のカートリッジの実質的な販売価格がその限界費用を下回るならば，そのような価格設定となるセット割引は，顧客に対して取引を強制するものと評価してよい。」という考え方である。

　ただし，注意を要することとして，割引総額帰属テストは，セット割引がライバル企業に与える影響を説明するものであり，セット割引が市場の競争に与える影響を説明するものではない，ということがある。本章の事例問題では，X社がプリンターの生産・販売市場の独占企業であり，カートリッジの生産・販売市場ではX社とA社だけが競争しているという設定になっているため，X社のセット割引について，「A社という競争者に悪影響があれば，カートリッジの生産・販売市場の競争にも悪影響がある」と説明できる。しかし，このような市場構造（競争関係）は現実には少なく，例えば，X社だけでなくY社もプリンターを販売するという設問(3)のシナリオ，あるいは，カートリッジを販売する企業がB社，C社，D社……という具合に複数いるシナリオのほうが，現実に観察できる市場構造である。そして，そのようなシナリオの場合，「X社のセット割引はカートリッジの生産・販売市場の競争に悪影響を与えているか？」という問題を慎重に検討する必要がある。

　最後に，「X社のセット割引は抱き合わせ販売の行為要件を充たす。」と考える場合，X社の抱き合わせ販売に認めるべき公正競争阻害性は，自由競争減殺と競争手段の不公正のどちらだろうか。あるいは，両方だろうか。討論のメンバーと意見を出し合って議論を深めてほしい。

## 学習用文献

### ＜書籍＞

- 金井貴嗣・川濵昇・泉水文雄編著『独占禁止法』第6版（弘文堂，2018年）

## ＜政府報告書＞

- 公正取引委員会競争政策研究センター「バンドル・ディスカウントに関する独占禁止法上の論点」2016年12月14日（http://www.jftc.go.jp/cprc/conference/index_files/161214bundle01.pdf.）

## ＜論文＞

- 岡田直己「バンドル・ディスカウントの競争法上の違法性判断基準──競争対抗行動と市場閉鎖効果に着目する必要性について」青山ローフォーラム8巻1号（2019年）67頁
- 早川雄一郎「公益事業分野におけるセット割販売と独占禁止法の規制」友岡史仁・武田邦宣編著『エネルギー産業の法・政策・実務』（弘文堂，2019年）第7章
- 和久井理子「リベートとセット割（バンドル・ディスカウント）──顧客の購入行動に応じた価格設定と独禁法」日本経済法学会年報39号（2018年）44頁
- 岸井大太郎「『セット割引』と独占禁止法」『公的規制と独占禁止法──公益事業の経済法研究』（商事法務，2017年）第10章

第14章

# インダストリアルデザインの保護

## 【知的財産法】

　この章では，知的財産法に関するテーマの事例として，インダストリアルデザインの保護に関して検討する。知的財産法という名称の法律というものはない。特許法や商標法，著作権法，不正競争防止法など多くの知的財産に関する法律の総称である。デザインの保護といっても，その方法は多岐に渡り，それぞれの法の特徴を理解して，どの知的財産法を選択すべきかなど，自分で考えていく必要がある。

キーワード：知的財産，意匠，不正競争，商品の形態，保護期間

## 1　予習用資料

### (i)知的財産法

　2002年に制定された知的財産基本法には，「知的財産」「知的財産権」の定義規定が置かれている。

> **知的財産基本法第2条**
> 　第1項：この法律で『知的財産』とは，発明，考案，植物の新品種，意匠，著作物その他の人間の創造的活動により生み出されるもの（発見又は解明がされた自然の法則又は現象であって，産業上の利用可能性があるものを含む。），商標，商号その他事業活動に用いられる商品又は役務を表示するもの及び営業秘密その他の事業活動に有用な技術上又は営業上の情報をいう。

> **知的財産基本法第2条**
> 　第2項：この法律で「知的財産権」とは，特許権，実用新案権，育成者権，意匠権，著作権，商標権その他の知的財産に関して法令により定められた権利又は法律上保護される利益に係る権利をいう。

　上記規定を概括的にまとめれば，次頁の表のようになろう（表14-1）。

　特許や商標，著作権に関する法律は明治初期にすでに制定されており，知的財産基本法は，それまでにあった知的財産や知的財産権をまとめたにすぎない。
　特許権は特許法，著作権は著作権法というものがあるのだろうと推測できるだろうが，育成者権が種苗法により，また，営業秘密については不正競争防止

表14-1 「知的財産」「知的財産権」の概要

| | 知的財産権 | 知的財産 |
|---|---|---|
| 人間の創造的活動により生み出されるもの | 特許権 | 発明 |
| | 実用新案権 | 考案 |
| | 育成者権 | 植物の新品種 |
| | 意匠権 | 意匠 |
| | 著作権 | 著作物 |
| 事業活動に用いられる商品又は役務を表示するもの | 商標権 | 商標，商号 |
| 事業活動に有用な技術上又は営業上の情報 | 法令により定められた権利又は法律上保護される利益に係る権利 | 営業秘密 |

出典：筆者作成

法により定められているということについて，法律の初学者が知的財産基本法の規定から読み取ることは容易ではないであろう。また，この表にない知的財産，知的財産権も少なくない。これらの点については，「学習用文献」に掲げた知的財産法の基本書を読むなどして，補う必要がある。

### インダストリアルデザインの保護

インダストリアルデザインとは，一般的には，電気スタンドなどの電化製品や椅子などの家具といった大量生産される工業製品のデザインのことである（以下，単に「デザイン」という。）。現在，工業製品の販売において機能や性能はもちろん重要であるが，同じ価格帯では機能や性能で他社製品との差をつけるのが難しくなっており，デザインが消費者に対するアピールポイントとなっている。

しかし，デザインというものは一度，公表されれば，その形態は誰もが把握できるものであり，模倣者が現れやすい。

そこで，知的財産法によりデザインを保護する必要性が出てくる。

デザインの保護について代表的な方法としては，①意匠登録，②不正競争防止法による商品の形態の保護がある（これ以外にも該当するものはあるが，ここで

はこの二つを取り上げる)。

### (ⅱ)意匠法

#### 意匠とは

デザインの保護を主目的として制定されているのが，意匠法である。

デザインのことを日本語の「意匠」という言葉で表している。その定義は次のとおりである。

> **意匠法第2条**
> 第1項：この法律で「意匠」とは，物品……の形状，模様若しくは色彩若しくはこれらの結合……，建築物……の形状等又は画像……であつて，視覚を通じて美感を起こさせるものをいう。

視覚を通じて，とされているのは，他の感覚である聴覚や触覚などを排除し，音や手触りは含まれないことを示している。美感を起こさせる，というのは，芸術作品と同等であることが求められるという意味ではなく，同種製品を並べてみたときに美感を起こさせるレベルのことである。

#### 意匠権発生までのプロセス

デザインの完成と同時にデザイナーが意匠権を持てるわけではない。手続きを経た上で，設定登録があって初めて意匠権が付与される。

⓪　意匠完成

デザインが完成すると，実際にデザインを行った者に，意匠登録を受ける権利が発生する。意匠登録を受ける権利とは，端的に言えば，次の①意匠登録出願をする権利と理解してよい。意匠登録を受ける権利は移転が可能である。

① 意匠登録出願

　意匠登録を受けようとする者は，願書に意匠登録を受けようとする意匠を記載した図面を添付して特許庁長官に提出しなければならない。

　願書の記載事項は，ａ．意匠登録出願人の氏名又は名称及び住所又は居所，ｂ．意匠の創作をした者の氏名及び住所又は居所，ｃ．意匠に係る物品又は意匠に係る建築物若しくは画像の用途（意匠法施行規則に細かい分類があり，例えば，眼鏡とサングラスは別の物品となる。）である。このとき，意匠登録出願料として１万6,000円が必要である。

② 審　査

　審査官はその出願に拒絶の理由があるかどうかについて審査を行う。拒絶理由は多岐に渡るが，代表的なものとしては以下のものがある（表14‐２）。

表14‐2　主な拒絶理由

| 意匠登録要件の欠如 | 工業上利用可能性 | 工場での大量生産が可能であること |
| --- | --- | --- |
| | 新規性 | 出願前に公に知られた意匠，出願前に刊行物やネットに掲載されていた意匠でないこと |
| | 非類似性 | 出願前に公に知られていた意匠，刊行物やネットに掲載されていた意匠と類似していないこと |
| | 非容易創作性 | 出願前にその意匠分野における通常の知識を有する者が公然知られた形状，模様，色彩，これらの結合等に基づいて容易に創作できない意匠であること |
| 先願の存在 | | 出願前に同一または類似の意匠が出願されていないこと |
| 冒認出願 | | 意匠登録を受ける権利がないのに出願を行うこと |

出典：筆者作成

③‐1　拒絶査定

　審査官は，拒絶理由を発見したとき，その出願について拒絶をすべき旨の査定をしなければならない。

③‐2　登録査定

　逆に，審査官が出願について拒絶の理由を発見しないときは，意匠登録をすべき旨の査定をしなければならない。

④　登録料納付

　意匠権の設定の登録を受ける者は，登録料として，1件ごとに，8,500円を納付しなければならない。

⑤　設定登録

　登録料納付後，意匠権の設定登録がなされ，それにより意匠権が発生する。

　なお，特許行政年次報告書2019年版によれば，意匠登録出願から審査官による登録査定や拒絶査定の最初の通知が出願人に発送されるまでの平均期間は2018年では6.1カ月であった。


　このように高度に専門化された手続きであるため，出願手続きに関する代理人の資格があり，それが弁理士である。


## 意匠権

　意匠権者は，業として登録意匠及びこれに類似する意匠の実施をする権利を専有する。意匠の実施とは，意匠に係る物品の製造，使用，譲渡，貸し渡し，輸出などをいう。

　業として，とは，少なくとも，家庭内での意匠の実施は含まないという意味である。また，一度適法に意匠に係る物品を市場に流通させた場合，その後の実施については意匠権の効力は及ばないため（消尽原則），中古品の売買は意匠権の侵害とならない。

　意匠権者は，原則，登録意匠を排他的独占的に実施できる。登録意匠と同一または類似の意匠を実施する者に対しては，差止めや損害賠償などを請求できる。このとき，登録意匠を知らずに独自に創作していたとしても，原則，侵害となる。この意味で，意匠権は絶対的排他的独占権と言われる。

　意匠権には存続期間があり，出願日から25年後に意匠権は消滅する。存続期間中は，毎年登録料を納付しなければならない。納付しなかった場合，意匠権は消滅する（図14-1）。

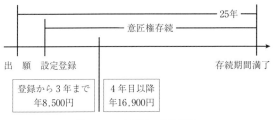

図 14 - 1　意匠権の存続期間

出典：筆者作成

### ⅲ不正競争防止法

#### 行為規制

デザインを保護するもう一つの代表的な知的財産法が不正競争防止法である。営業秘密も不正競争防止法に定められていることは既述したが，同法は多様な「不正競争」という禁止される行為類型を列挙し，不正競争により営業上の利益を侵害された者が差止めや損害賠償を請求する制度を採用している。同法は，意匠権のような排他的独占権を与えるものではなく，行為規制を定めている法律である。

#### 商品の形態

他人の商品の形態を模倣した商品の譲渡，貸渡し，譲渡や貸渡しのための展示，輸出，輸入は不正競争となる。

商品の形態とは，需要者が通常の用法に従った使用に際して知覚によって認識することができる商品の外部及び内部の形状並びにその形状に結合した模様，色彩，光沢及び質感をいう。冷蔵庫であればドアを開けるのが通常であるから内部の形状まで含み，テレビであればもっぱら外部の形状だけが該当しよう。

模倣する，とは，他人の商品の形態に依拠して，これと実質的に同一の形態の商品を作り出すことをいう。ここで重要なのは，依拠である。依拠せずに，つまり，独自で創作した商品の形態が，偶然，既存の他人の商品の形態と同一であっても，不正競争に該当しない。

なお，不正競争防止法による保護を受けるにあたっては，出願や登録といった手続きも，登録料も一切不要である。

### 保護の開始と終了

　不正競争防止法による商品の形態の保護は，日本国内において最初に販売された日から起算して3年を経過した時点で終了する（図14-2）。模倣商品であっても，その後の譲渡等は不正競争防止法違反とはならない。

　その一方で，いつから保護が開始されるのかについて明文の規定がない。模倣を要件とする以上は，模倣することができる状態になっている必要があるが，販売された日なのか，サンプル品の配布日やイベントでの発表日でもよいのかなど，定まっていないのが現状である。

図14-2　商品形態の保護期間

出典：筆者作成

## 2　討論用資料

### デザインが盗まれた?!　けど，どうしたらいいんだろう……

　美大の学生で，デザイナーを目指す「あなた」は，夏休みに個人のデザイン事務所でインターンとして忙しくしています。雑用も多いですが，刺激のある生活に，デザイナーという仕事への期待が膨らみます。

　猛暑日の昼休み，テイクアウトのアイスコーヒーを飲みながら，「夏はどうしてこんなに蒸し暑くなるのかなぁ。冬はあんなに寒くて，乾燥するのに。加湿器をフル稼働しても喉が痛くなるし。手持ち扇風機みたいな小さい加湿器も

あればいいのに。」と何となく考えていると，アイスコーヒーのストローが目
に入り，突然，閃いてしまいました。「ストローみたいな加湿器を作って，水
の入ったコップに入れてデスクに置いておけば，直接喉を加湿できるんじゃな
い？」

　週末，ストロー型加湿器のデザインに没頭し，自分でも納得できるものが出
来上がりました。週明け，事務所の所長に，「こんなのがあったらいいなぁと
思って，デザインしてきたんですが，見てもらえますか。」と渡したところ，
「面白いね。商品化できないかなぁ。」と予想外の好感触に有頂天になります。

　インターン期間も終了しましたが，ストロー型加湿器の商品化へ向けてトン
トン拍子に話が進み，初秋には試作品が完成しました。加湿機能を持たせたた
めに極太ストローにはなりましたが，逆にポップな感じに仕上がりました。所
長が，「来月開催される展示会に出してみよう。」と言い，出展が決まりました。
展示会での感触は上々で，早速，商品化を考えてみたいという会社からアプロ
ーチがありましたが，結局，商品化に至りませんでした。

　秋も深まってきたある日，その会社のウェブサイトを見ていたら，自分がデ
ザインしたものと同じストロー型の加湿機が発売されています。「絶対に許せ
ない！　訴えてやる。」しかし，どの法律に基づけばいいのでしょうか。そも
そも，このようなことになる前にどうするべきだったのでしょうか。

## 3　討論用クエスチョン

(1)　討論用資料のようなデザインの保護が問題となる場面において，関連す
　　　る法律としては何があり，それぞれのメリット・デメリットを比較対照
　　　して話し合ってください。

(2)　なぜ，デザインの保護について，複数の法律があるのでしょうか？　意

匠法だけ，あるいは，不正競争防止法だけあれば十分ではないのですか？

(3) 意匠法による保護の方が馴染むデザイン分野にはどのようなものがあると考えられますか？

(4) 逆に，不正競争防止法による保護の方が馴染むデザイン分野にはどのようなものがあると考えられますか？

(5) 不正競争防止法による商品の形態について，保護の開始時点に関する規定がありませんでしたが，法律に規定がないときにどのように解するべきか話し合ってください。

## 4 解説・より深く

### 知財マネジメント

デザイナーにとって，良いデザインを作ることが最大の目標であり，そこに集中する。良いデザインであればあるほど，模倣の対象になりやすい。真似されるようになったら一人前，などという考え方は，現在では通用しない。

デザインの保護の王道は，意匠登録であるが，既述の通り，手間もお金もかかり，個人のデザイナーあるいは小規模なデザイン事務所が都度，出願するとなれば，大きな負担となり現実的ではない。そもそも，法律の知識がなく，出願するという意識が全くないという場合もあるだろう。

一方で，不正競争防止法による保護は，出願も登録料も不要であり，個人や小規模な事務所にとって強い味方である。しかし，模倣があったことの立証を原告側がしなければならず，明らかなデッドコピーであればともかく，実際には，それほど低いハードルではない。また，日本で最初に販売した日から3年で保護が終了する点は，3年以上経過しても魅力を失わない良いデザインであっても，その模倣商品の流通を法律が適法であると保証することになってしまう。

真夏に完成したデザインについて，初秋に試作品ができあがっている場合には，まず，意匠登録出願を行なった上で，登録までの間を不正競争防止法によ

る保護で補う形が理想であるが，そのときの事情に左右されるだろう。

　デザインに限らず，自己の知的財産がどの法律で保護されるのか，その場合，権利の発生時期や効力の範囲，存続期間，登録料の有無など見極めて最適な保護の方法・組み合わせを考える知財マネジメントの観点が重要である。

### 不正競争防止法による商品の形態の保護開始時期

　不正競争防止法が商品形態保護の始期について明文の規定を持たず，この点に関する最高裁判決もないため，これまでの裁判例でも解釈は様々である。

　日本における最初の販売日が起算点であると判示するものはなく，それよりも前の時点で保護が開始される点は共通するが，サンプルの出荷があれば保護を認めるもの（名古屋地判平成9年6月20日知財管理判例集Ｖ平成9年判決2083頁），開発，商品化を完了し，販売を可能とする段階に至ったことが外見的に明らかになった時であるとして，商品展示会に出展した時点で認めるもの（知財高判平成28年11月30日判時2338号96頁）など一定していない。

　形態模倣商品譲渡等を不正競争とすることはわが国に限ったことではないが，保護の開始時期を明文で規定している国や地域がある。代表的なものとして，EUでは欧州連合意匠理事会規則が商品形態の公表や展示等と定め，韓国では不正競争防止法において商品の試作品製作など商品の形態が整った日と定められている。

　デザイナー側からすれば，販売日後はもちろんであるが，販売日前のいつから保護されるかどうかは非常に重要である。その点が明確でない現在の状況は決して歓迎される状況ではない。わが国においても，始期を明確にする立法的解決を検討すべきであるように思われる。


## 学習用文献

### ＜書籍＞
・土肥一史『知的財産法入門』第16版（中央経済社，2019年）

- 角田政芳・辰巳直彦『知的財産法』第 8 版（有斐閣，2017年）
- 茶園茂樹編『知的財産法入門』第 2 版（有斐閣，2017年）
- 平嶋竜太・宮脇正晴・蘆立順美『入門知的財産法』（有斐閣，2016年）

第15章

# 国際社会の安全保障と自衛権

## 【国際法】

　この章では，「国際法」に関するテーマの一例として，「国際社会の安全保障と自衛権」の問題について検討する。日々のニュースを見ると，いつも世界中のどこかで武力を用いた争いが起きているが，もしそのような事態が日本の周辺で起き，さらには日本にも矛先が向けられた場合，どのような対応が可能なのか。世界の安全保障に関するルールと我々が生きる日本社会との関係について考えていきたい。

キーワード：集団安全保障，武力行使禁止原則，自衛権

# 1 予習用資料

## 国際法の特徴

「社会あるところに法あり」という言葉がある。人間が生活を営む「社会」には，その生活を秩序づける「法」すなわちルールが必ず存在するということである。主として国同士のやりとりによって成り立っている「国際社会」も例外ではなく，そこには国同士の関係を規律し秩序を維持するためのルールが存在する。それが国際法（条約）と呼ばれるものである。

ただし，国際法は，様々な面で国内法とはその性質を異にしている。それを理解するために，国際法が作られ適用される仕組みについて，一般的な国内社会（民主制を採用している社会）と国際社会とを比較しながら考えてみよう。単純に図式化すると，国内社会では国会など立法機関がその社会すべてに適用される法を制定し，内閣などの行政機関がその法を執行し，裁判所等の司法機関が法的紛争に際してその法を解釈・適用して法秩序を維持・回復する。これらの機関はいずれも憲法に代表されるその国家内の法体系により認められた有権的な機関であり，その行為はその国の社会全体に通用するものとなる。

一方，国際法（条約）の場合，こうした一つの法体系によって包括的に規律される「社会」は存在しない。国際社会には統一的な立法機関はなく，条約はそれを作る意思を持った二つ以上の国家によって交渉され，締結される。さらに，そのようにして作られた条約は，それに縛られることに同意しない国に対しては適用されない。言い換えれば，国は自らが望むルールのみを自らに対して適用するということになる。国際法とは，このようにして二国間または多数国間で作られた条約の総称であり，「合意は守られなければならない」といったような「法の一般原則」を除いて，すべての国に一律に適用されるルールは存在しない。このような国際法の基本的特徴をまずは頭に入れて，国際社会の安全保障をめぐる問題について考えていこう。

### 国連の集団安全保障体制

　国際社会における安全保障の問題は，伝統的に軍事力の問題を中心に語られてきた。すなわち，自らの国益を追求するために，軍事力をどれだけ保持し，それを他国との関係においていかに使うかということが国家にとって重要な課題でだと考えられてきたのである。かつては，同盟を組むなどして敵味方に別れ，時には戦争に訴えることを通じて，国際社会における自国の優位性を確保しようとするのが安全保障の形であった。

　しかし，現在の国際社会において安全保障の基本となっているのは，国際連合（国連）の集団安全保障体制である。これは，加盟国が互いに軍事力を用いないことを約束した上で，他の加盟国を武力攻撃したり平和を乱したりした加盟国があった場合，残りの加盟国が共同でこれを鎮圧し，国際社会の平和と安全を維持・回復するという方式である。国連の創設条約である国連憲章では，まず第2条第4項が国家による武力の行使を禁止している。

> **国連憲章第2条**
> 　第4項：すべての加盟国は，その国際関係において，武力による威嚇又は武力の行使を，いかなる国の領土保全又は政治的独立に対するものも，また，国際連合の目的と両立しない他のいかなる方法によるものも慎まなければならない。

　その上で，同憲章の第7章において，実際にとられるべき行動が規定されている。ここで中心的な役割を果たすのが，国連の安全保障理事会（安保理）である。安保理は，行動を起こす前提となる「平和に対する脅威，平和の破壊又は侵略行為の存在を決定し」，さらに「いかなる措置をとるかを決定する」権限を有している（第39条）。そして，その決定の実施にあたっては，最初に非軍事的措置が試みられ（第41条），それでは不十分と判断された場合に軍事的措置

がとられる（第42条）。軍事的措置の実施に関して，国連が創設される際には国連軍がそれを担うことが想定されていたものの，国家間の交渉が合意に至らず，現在でも国連軍は設置されていない。したがって，現在は，加盟国が拠出した兵力に対して安保理が武力行使の権限を授与するという実行が重ねられている。

### 自衛権

　国際社会には統一的な法を制定し，それを有権的に執行し，また法をめぐる争いが生じた際に強制力を持つ決定を下すような存在はない。そのような社会にあっては，国家は，違法な行為による被害を受けた際に，自らの力で法や権利の回復を行うことが求められる。これを自助の原則という。

　では，他国から軍事力を用いた違法な攻撃を受けた時，自助の原則にしたがい軍事力で対抗することが認められるのだろうか。一般的に国家には自らを守る権利である「自衛権」が備わっていると考えられているので，そうした場合にはこの自衛権に基づいて軍事力を行使することが許されるのである。ただし，国連が創設されて以降は，自助の原則にも修正が加えられている。すなわち，国連の集団安全保障体制においては，違法な武力行使を行った国があった場合，加盟国が自衛権を発動できるのは安保理が措置を決定するまでという限られた状況でのみ，緊急避難的に自国を防御することだけが認められているのである。

　ただし，自衛権については，現時点ですべての国が同意する定義が存在するわけではない。実際に行使された自衛権が合法なものか違法なものかは，それを有権的に判断する裁判所のような司法機関が存在しない以上，ケース・バイ・ケースで判断されるという側面が強い。

　ここでは，それをふまえたうえで，どのような自衛が許されて，どのような自衛が許されないのかについて考えてみよう。

## 2　討論用資料

「自衛」はどのような場合に認められるのか？

「あなた」は、かねてより海外留学などに興味があり、国際法についても関心を持っています。最近では、同じように留学に関心があったり、実際の留学経験があったりするような友人が増え、みんなとの会話の中にも、時事的な問題が出てくることが多くなってきたような気がします。

　ある時、あなたが友人のAさん、Bさん、Cさんと学食で昼食をとっていたところ、全員のスマートフォンに緊急ニュースが飛び込んできました。

「X国が日本近海に向けて飛翔体を数発発射。政府は関係国と対応を協議中」

　これを見た友人のAさんが、「またかよ。危なっかしくてたまんないよなぁ」と口にしました。これを機に、その場でこのニュースについての会話が続きました。

　B「ほんと、なんとかやめさせる方法はないのかな」

　C「U国とか国連とかに頼んで、やめさせるようにしてもらえばいいんじゃないかな」

　A「いや、U国も国連も何もしてくれてないから困るんだ。こんどミサイルを飛ばしてきたら、こっちからも撃ち返してビビらせればいいんだよ」

　C「そんなことしたら、こっちも危ないことしてることになるんじゃないかな？」

　A「向こうが先に撃ってきてるんだから、こっちは自衛だよ」

　B「そのうちミサイルだけじゃ済まなくなるかもしれないから、いっそのこと、二度と飛ばせないようにこっちから先に自衛隊でも送ってやっつけちゃえばいいと思うんだけど」

　C「そんなの戦争だから、日本はできないでしょ？」

A「身の危険が迫ってるんだから，いくら戦争放棄してるからって，それぐらいは許されるよ」

C「でも，先に手を出したら自衛じゃなくなるんじゃないの？　ねぇ，あなたはどう思う？」

普段から，「もしあのミサイルが日本に直撃したらどうなるんだろう？」と漠然とは考えていたあなたですが，Cさんの問いかけにとっさに答えることができませんでした。

## 3　討論用クエスチョン

(1)　ここに登場する友人3人（A，B，C）の意見を整理し，それぞれがどのような立場で，どのような点で意見が対立しているのかまとめてみましょう。

(2)　国際社会の平和と安全を脅かすような事例が後をたたない世界において，国連憲章第2条第4項の「武力行使禁止原則」や国連の集団安全保障体制は規範・制度として現実的なものでしょうか？　国家が武力を自由に使える状況と，国連憲章による制約がある状況について，それぞれ国際社会の安全保障を確保するという目的にとってどのような利点と問題点があるか考えてみましょう。

(3)　討論用資料に出てきたニュースのような出来事があった際に，国連が第7章に基づく行動を起こさない（起こすことができない）制度的な理由について考えてみましょう。

(4)　自衛権はどのような事態が起きた時に発動することが必要になるでしょうか？　あからさまな侵略のような場合も含めて，討論用資料の場面とは別に様々なケースを想定して話し合ってみましょう。

(5)　日本国憲法第9条について調べ，日本が自衛権を行使する際に直面する問題について整理してみましょう。

## 4　解説・より深く

### 国際法における戦争

　戦争において軍事力が実際に使われると膨大な犠牲が出るので，国家にとってもただ単に殺しあって勝てば良いというのではなく，ルールに則って行うことが求められる。ここまで「戦争」という言葉を定義せずに使ってきたが，厳密にはこの言葉は国際法上特定の意味で用いられ，「武力行使」という言葉とは区別される。このことを理解するために，国際法において「戦争」がどのように位置づけられてきたかを振り返ってみよう。

　国際法の歴史は，戦争違法化の歴史といっても過言ではない。17世紀から19世紀にかけて現在の国家へとつながる「主権国家」が徐々にその形を整えてくるにしたがい，その関係を規律するルールである国際法も整備されてきた。それぞれの国にとって重要だったのは，もちろん交易など日常のヒト・モノの流れを規律することであったが，それと同時に，関係が悪くなり武力をもって争う事態に陥った際に適用される戦争のルールであった。もちろん，戦争自体は有史以来人間社会に存在する現象であり，戦い方に関するルールは古代から存在していた。しかし，近代に入り，技術の進歩に伴って兵器の破壊力が増し，さらに戦闘規模が拡大するにしたがって，戦争に関するルールは徐々に整備されてきた。

　戦争に関するルールは，2種類の異なる性質をもつルールに分けられる。一つは，戦争の正当性に関するルールであり，もう一つは実際の戦闘に関するルールである。現在の国際社会の安全保障を考える際に鍵となるのは，前者の戦争の正当性に関するルールである。かつては，戦争は国家の権利と考えられ，国家が望みさえすれば自由に武力に訴えることが許されていた。しかし20世紀に入り，パリ不戦条約や国際連盟規約によって戦争を禁止または制限するルールづくりが始められた。ところが当時，国際法上一定の手続きを経て国家が「これは戦争だ」という意思を持って行われたものだけが「戦争」と呼ばれて

おり，事実上，そうした条約で禁止された「戦争」ではない「武力行使」が存在することとなった（「満州事変」などが後者の例として挙げられる）。

そこで国連憲章では，「戦争」も含む一切の「武力の行使」および「武力による威嚇」を禁止した（第2条第4項）。したがって現在の国連憲章下では，安保理が決定した「軍事的措置」（第41条）と「自衛権」（第51条）を除いて，国家が軍事力を国際関係において使うことは法的に許されていないのである。

### 自衛権行使の要件

その「武力行使禁止原則の例外」としての自衛権にも，一定の制約が存在する。国連憲章が制定される以前から，一般に自衛権を行使する際には，「必要性」と「均衡性」という要件が課されると理解されていた。この要件は，1837年のカロライン号事件で当時の米国務長官ウェブスターによって示され，その後一般化したものである。ここで「必要性」とは「差し迫って圧倒的な自衛の必要があり，手段の選択の余地がなく，また熟慮の時間もない」ということを意味し，「均衡性」とはその際にとられる手段が受けた攻撃に見合うものでなくてはならないということを意味していた（「ウェブスター・フォーミュラ」）。

そして国連憲章では，上述の集団安全保障体制を前提に，第51条によって「武力攻撃が発生した場合」「安保理が行動を取るまでの間」という要件も加えられた。ただし，どの時点をもって「武力攻撃が発生した」と言えるのかについては，攻撃による被害が実際に発生した時点か，それとも攻撃に着手した時点か，あるいは攻撃の意思が確認された時点か，など国家の間に一致した見解はない。しかし，攻撃（の意図）が明白になる前に，相手国に先行して自衛権を発動する，いわゆる「先制的自衛」は，その濫用の危険性が高いと考えられることから，これを禁止するという見解が支配的である。

また国連憲章第51条では，「個別的または集団的」自衛権という文言が用いられている。個別的自衛権とは，攻撃を受けた国が自ら軍事力を用いて反撃する場合に依拠するものである。一方，集団的自衛権とは，自らは攻撃を受けていない国が，攻撃を受けた国に対して軍事力をもって援助を行う際に依拠する

概念である。国連憲章ではどのような場合に集団的自衛権を行使することが許されるのかについての規定はないが，1986年のニカラグア事件において国際司法裁判所（国家間の法律問題を裁定する国連の主要機関の一つ）は，国家が集団的自衛権を行使する際には，攻撃を受けた国がその旨を宣言し，さらに他国に対して援助を要請することが必要であると判示した。

### 日本国憲法第9条と自衛権

　日本の自衛権について考える際，憲法第9条をどのように解釈するか，また自衛隊という組織をどのような存在として位置づけるかが問題となる。憲法第9条は，戦争放棄，戦力不保持，交戦権の否認を定めているが，自衛権については規定していない。はたして日本は自衛権を持つのか，もし持つとしてそれを行使することは許されるのか，といった問題について長く議論されてきた。この点，1959年の砂川事件において，最高裁判所は個別的自衛権を認める判断を示している（ただし，集団的自衛権に関しては言及していない）。

　また，自衛隊に関しては，1954年の発足以来（1950年にその前身である警察予備隊が創設され，1952年に保安隊に改組された），憲法第9条との関係が常に問題となってきた（自衛隊の合憲性問題）。こうした問題に関して，政府は，「自衛隊は憲法が禁じる『戦力』に至らない実力組織であるため，合憲」と主張してきた。この点に関しては，いくつかの訴訟が提起されており，下級審の中には自衛隊の合憲性に言及したものもある。しかし，上級審では問題が高度に政治性を有するという理由（統治行為論）などによって，自衛隊の合憲性に関する判断が避けられるという状態が続いている。

　こうした議論に加えて，2015年のいわゆる平和安全法制をめぐる論争では，集団的自衛権の行使の可否が問題となった。しかし，その際の議論は，憲法上の自衛隊の位置づけやその活動の範囲といった問題に限定されており，国際法上の自衛権（特に集団的自衛権）発動の要件が十分に考慮されていないという批判もある。

## 学習用文献

**＜書籍＞**

- 大沼保昭『国際法』（筑摩書房，2018年）
- 酒井啓亘・寺谷広司・西村弓・濵本正太郎『国際法』（有斐閣，2011年）
- 最上敏樹『国際機構論講義』（岩波書店，2016年）
- 薬師寺公夫・坂元茂樹・浅田正彦・酒井啓亘編『判例国際法』第3版（東信堂，2019年）
- 森川幸一・森肇志・岩月直樹・藤澤巖・北村朋史編『国際法で世界がわかる——ニュースを読み解く32講』（岩波書店，2016年）

第16章

# 自由貿易と食の安全

## 【国際経済法】

　この章では，「国際経済法」に関するテーマの一例として，「自由貿易と食の安全」の問題について検討する。貿易の自由化と活発化に伴い，外国産の食品が多く流通するようになることは良いことだが，他方で，自分の居住地から遠く離れたところで生産されている商品が流通するため，その安全性の確保が心配になるところであろう。ここでは，国際貿易における食の安全に対して国際的なルールはどのように対処していて，どのような課題を持っているのか，想定される事例を基礎に，考えていきたい。

キーワード：WTO（世界貿易機関），SPS 措置（衛生植物検疫措置），SPS 協定，科学的証拠

# 1 予習用資料

## 貿易に適用される国際ルール

現在，世界各国は貿易を通じて相互に依存しあう関係にある。日本で製造された産品は国外でも販売され，外国で製造された産品もまた日本で販売される。このように貿易は日常的に行われているわけであるが，貿易の自由化が進み，活発化すればするほどトラブルも発生しやすくなる。例えば，予想以上の輸入により販売機会を失った国産品を優先的に購買させるために，外国製品については高い税率を賦課したり，重い規制をかけたりすることが考えられる。

このような不当な貿易制限や差別的な行為を防止するために（裏を返すと自由な貿易を維持するために），WTO（世界貿易機関）では多くの協定が制定されている。また，それのみならず，WTOでは裁判に相当する制度が設けられており，貿易上のトラブルが発生した場合には，この裁判手続（「紛争解決制度」と呼ばれる）を通じて解決が図られている。1995年に刷新されスタートしたこの制度には，2019年時点で，600件に迫る紛争が付託されており，200件ほどの紛争で何らかの司法的な判断が示されている（残りは主に裁判手続前の政治交渉の段階で解決）。このように同制度は（最近は問題を抱えているが）積極的に活用されており，国際的なビジネスを展開していく上で，WTOの紛争解決制度をきちんと理解することは有益と言える。

## 自由貿易と食の安全を調整する国際協定

先で述べたように，国際貿易の活性化は世界の様々な産品が流通することを可能にし，消費者にとっては多様な産品を安く入手できるとのメリットをもたらす。しかしその一方で，外国で製造された産品は輸入国側にとって製造過程が分かりづらいものが多く，特に食品については健康や生命に直接的に影響が発生するため，やみくもに貿易を推奨してしまうと，劣悪な商品が流入することにもつながりかねない。そこで，人体などに悪影響を及ぼしかねない産品は

輸入を制限することが必要になる（正当な制限）。

　ところが，中には外国産品を排除したいとの理由から，安全にかこつけて輸入を禁止することも行われてしまう。つまり，「保護主義」的な動機に基づく，安全基準を偽装した輸入制限が行われる可能性がある。このような輸入制限を防止しなければ，本来流通すべき良品が不当に制限されてしまう事態が懸念される（正当とは言えない制限）。

　そこで，正当な輸入制限とそうでない輸入制限とを峻別する役割を担っているのが，WTO の「衛生植物検疫措置の適用に関する協定」（以下，SPS 協定）である。SPS 協定は，国際貿易に対する偽装された制限を防止しつつも，人や動植物の生命や健康を保護するために必要な措置の導入はきちんと認めることを目的とする。この SPS 協定の最大の特徴は，純粋に安全確保の目的による輸入制限と，偽装された保護主義的な制限とを区別するために，科学的根拠に基づいた措置の導入を求める点である（SPS 協定第 2 条第 2 項）。

---

**SPS 協定第 2 条**

　　第 2 項：加盟国は，衛生植物検疫措置を，人，動物又は植物の生命又は健康を保護するために必要な限度においてのみ適用すること，科学的な原則に基づいてとること及び，第 5 条 7 に規定する場合を除くほか，十分な科学的証拠なしに維持しないことを確保する。

---

なお，ここで出てくる第 5 条第 7 項というのは以下のように規定されている。

---

**SPS 協定第 5 条**

　　第 7 項：加盟国は，関連する科学的証拠が不十分な場合には，関連国際機関から得られる情報及び他の加盟国が適用している衛生植物検疫措置から得られる情報を含む入手可能な適切な情報に基づき，暫定的に衛生植物検疫措置を採用することができる。

---

> そのような状況において，加盟国は，一層客観的な危険性の評
> 価のために必要な追加の情報を得るよう努めるものとし，また，
> 適当な期間内に当該衛生植物検疫措置を再検討する。

　なるほど，輸入を制限する国に対して科学的な証拠を求めることは偽装され
た措置を防止するために有効と言えよう。しかし，ことはそんなに簡単なので
あろうか。この問題を実際に起こりえる例をもとに考えてみよう。

## 2　討論用資料

### 地域復興と水産物の輸入禁止

　「あなた」は日本のA県庁の水産課に勤務していて，主に，県内の漁業の生
産管理や支援に関する業務に携わっています。この県は海に接する面が多く，
多くの県民が漁業関係で生計を立てています。あなたの部署は，この水産業を
より一層振興させるべく，日々いろいろな業務に関与しています。

　そんなある日，県内の河川の上流付近で廃棄物焼却施設が爆発を起こす事故
が発生しました。焼却施設の爆発により物質Xという，人間が摂取すると危
険とされる化学物質が飛散してしまい，下流の河口付近の養殖場が汚染されて
しまう事態が発生してしまいました。これにより，県内のいくつかの養殖場は，
当面の間は閉鎖しなければならない状態に追い込まれてしまいました。

　あなたは，この件について調査を進めていたところ，どうやら最も大きな被
害を受けたのが，あなたの友人Hが経営する水産業者のようです。その友人
は最近，親の後を継いだばかりで，輸出に力を入れる形で業績の好転を目指し
ていたそうです。しかし，事故により，当面の間は養殖場の閉鎖（除染）が必
要となり，当然，外国への出荷もすべてキャンセルとなったそうです。会社の
業績が好転していた矢先に，非常に大きな損害を受けることとなってしまいま

した。先日，うれしそうに業績の話を自慢していただけに，気の毒でたまりません。

＊＊＊

　事故から1年が経ちました。事故の傷跡も癒えてきて，あなたは農林水産省と合同での定期調査に臨みました。すると，事故後はじめて養殖場の物質Xの検出量が政府の基準値を下回り，魚類は安全という結果が出ました。友人Hも調査結果を首を長くして待っており，今回の結果を受けて，輸出業務を再開できるとうれしそうに話していました。彼の会社は，養殖場が閉鎖されている間も，苦しいながらもなんとか会社を継続させていたのです。

　ところが，あろうことか，検査結果が出た翌週に，A県の水産業からの輸出が多いS国の政府が，緊急的に導入していた日本産の水産物に対する輸入禁止を，正式な措置とすることを発表しました。

　当然，友人はこのことについてあなたの部署に問い合わせに来ました。やはり彼の疑問は，「魚介類が安全であることが証明されたのでS国政府に輸入を許可（再開）してもらいたいのに，なぜ，認めてもらえないのか。日本政府は強くプッシュしてくれないのか」というものでした。そのような中，あなたの上司が農林水産省に出向き，状況の説明を受けてきたので，その時の様子を尋ねてみました。上司によると，S国政府は，①S国民にあまり馴染みのないA県の事故現場付近で捕獲された魚類は，危険なのではないかと国民が特に心配しており，それに応じるために輸入を禁止した，②輸入の禁止については，必要とあらば1年ごとに見直しを行う予定ではある，③日本側の安全との検査結果はあくまで自己評価であるため信頼しきれない，とのことでした。もっとも，あなたの上司は，日本の検査結果は，世界で信頼されている国際機関が提示している指針よりもかなり良い結果（低い数値）が出ているので，③の批判は疑問だと，ブツブツ言ってもいました。

後日，あなたの友人が再度，あなたのところを訪れてきたので，上司から聞いた話を伝えたところ，案の定，怒りを露わにし，「このままでは本当に会社が潰れてしまう」とあなたに強く訴えてきました。

＊＊＊

あなたは，友人の会社をはじめとする県内の水産業者が，S国への輸出を再開できるように日々仕事に取り組んでいたところ，ある日，かつてZ国に留学したときに知り合ったS国人のPさんから連絡を受けました。久しぶりに日本に来ていて，しかもA県に来ているとのことでしたので，休日に一緒にカフェでお茶することになりました。

すると，彼女から意外な言葉が出てきました。彼女は，A県での物質Xの事故を知っていたのみならず，このことの状況について詳しかったのです。なぜだろうと，根掘り葉掘り聞いてみると，どうやら彼女の母親の仕事がA県と縁が深いようです。彼女によると以下の通りです。

まず，彼女の母親はX国のお寿司の小規模チェーン店のオーナーだそうです。そしてPさんも今は仕事を辞めて母のお手伝いをしているとのことです。Pさんが日本を好きで，あなたと気が合った理由は，お寿司がきっかけだったようです。ただ，A県で起きた事故の影響が出て，Pさんのお母さんのお店も魚介類の調達先を変えなければならない状況に陥ったそうです。それのみならず，S国内での日本産の魚介類の流通が減ったために，寿司ネタに向いている魚介類の価格が高騰してしまい，経営的にかなり苦労したみたいです。その後，1年が経過した最近になって，Pさんのお母さんの会社に，日本のかつての取引相手の会社から，「調査の結果，物質Xの検出量が下がったので輸入を再開してもらいたい，さらには，業界をあげてS国政府に輸入禁止の解除を働きかけてほしい」という連絡が来たそうです。Pさんのお母さんは，その方とは親の代から親交があるらしく，前向きに考えたいとは言っていたのですが，実

際には，S 国内の人々の不安は想像以上に大きいみたいです。なかなか寿司屋に対するイメージの低下を払拭できない様子です。

　どうやら P さんも S 国内の人々の反応に共感を覚えているらしく，母には，「化学物質に詳しい友人に聞いたところ，物質 X についての科学的分析はまだ発展途上であり，何をもって安全と言えるかは定説はないらしいよ。やはり人体に影響が出る可能性がある物質である以上，すこし良い検査結果が出たとしても，慎重になって輸入は待ったほうがいいと思うよ，何か問題が出てからでは取り返しのつかないことになるよ」とアドバイスしてあげているそうです。

　あなたはその話を聞きながら，P さんのお母さんの取引相手は友人 H かな，不思議な縁だなと考えつつも，P さんが不安に思う気持ちもよく分かりました。P さんとの会話中に考え込んでしまうあなたでした。

## 3　討論用クエスチョン

(1)　あなたは，A 県の県庁の職員である以上，S 国に輸入を再開してもらえるように訴える立場に寄ることになりますが，SPS 協定に照らして S 国を説得するとしたら，どのような論理になるでしょうか？

(2)　次に，一歩引いて，客観的に（第三者的目線で）考えた場合に，S 国の輸入禁止は SPS 協定に違反すると評価できるでしょうか？

(3)　条約の内容やその結果とは別に（つまり(2)で導いた結論とは別に），あなたはこの問題についてどのように考えますか？　今回の輸入禁止は認めるべきでしょうか，認めるべきではないのでしょうか？

(4)　この問題を解決しようと考えた場合に，これを国際的な貿易機関である WTO の紛争解決制度に付託することが望ましいでしょうか？　それとも解決のために，どういう手段が考えられるだろうか？

(5) それでは，仮に，これが食の安全ではなく，動物福祉の問題であったならば，どうでしょうか？　例えば，EU が，日本の鶏の飼育方法が残酷だという理由から，卵製品の輸入を禁止したとしたら，(3)の結論は変化しますか？

> 【参考情報】
> 　現在，EU では，バタリーケージで採卵鶏を飼育することが禁じられています。バタリーケージとは棚状の金網のかごを指し，自然の中で飼われることがないため，狭いケージ内で飼育されている鶏は大きなストレスを受けることになります。このような飼育方法で生産された卵については，その生産工程が動物福祉に適っていないとして強い非難が示されているのです。他方で，生産性に優れることから，日本国内ではバタリーケージが主流となっています。なお，バタリーケージを利用すると卵の質が悪化するなどの実証結果は今のところ出されていません。

## 4　解説・より深く

　これまで，食の安全を理由に輸入を制限し，それに対して輸出側が不当として問題視してきた例は多く存在する。具体的には，以下のような紛争の解決がWTO の紛争解決制度を通じて図られてきた。

EU ホルモン牛肉輸入制限事件（DS26・DS48）

1998年採択，申立国：米国・カナダ，被申立国：EU

　米国及びカナダでは家畜の成長を促進するために成長ホルモンを投与することが行われている。それに対して EU が，牛肉へのホルモン投与は人体に悪影響を及ぼす可能性があるとして，該当する牛肉の輸入を禁止したところ，EUの行動に反発した米国とカナダが WTO に紛争を提起したのが本件である。

SPS協定の規定を基にWTOの紛争解決手続で争われた結果，EUの輸入禁止は危険性評価（つまり，科学的証拠）に「基づいて」実施されていない，また，科学的に危険性が証明されていなくとも，予備的に対応するという予防原則の概念はSPS協定では明記されていない（よって危険性評価の実施から免れられない）という判断が下されたことで，物議を醸すこととなった事例である（なお，本事例がさらに争われた事件として，DS320・DS321がある）。

### 韓国水産物輸入規制事件（DS495）

#### 2019年採択，申立国：日本，被申立国：韓国

　この事件は上記の討論用資料の原型をなすものである。2011年に発生した東京電力福島第一原子力発電所事故を受けて，韓国が日本の東北地方と関東地方の8県からの水産物（魚介類）の輸入を全面禁止し，かつ，追加的な検査を要求したことに対して，日本政府が，韓国の輸入禁止は日本産水産物等を不当に差別しており（SPS協定第2条第3項違反），また，必要以上に貿易制限的である（同協定第5条第6項違反）として訴えた事件である。これに対して，第1審に相当する小委員会（パネル）では，日本の主張の多くが受け入れられ，韓国の政策が差別的，あるいは，必要以上に貿易制限的であると認定されたが，上訴手続（上級委員会）ではそれらの認定が破棄されることとなった。上級委員会がパネルの判断を破棄した理由は主に，①パネルが，韓国が求めている保護水準（どの程度まで人がセシウム等を摂取して良いと考えているか）の認定を誤った，②日本産の水産物は，他の水産物と「同様の条件の下」にあるとは言い切れないので，差別の認定はできないとのことであった。

### EUアザラシ製品事件（DS400・DS401）

#### 2014年採択，申立国：カナダ・ノルウェー，被申立国：EU

　本件はEUと，カナダ及びノルウェーとの間で生じた貿易紛争である。食の安全とはやや異なるが，EUがカナダとノルウェーからのアザラシ製品（アザラシの肉や油）について，その殺傷方法が残酷であるという理由から輸入を禁

止した事件である。この問題は「食の安全」の問題よりもさらに「適切な自由貿易と非経済的な価値のバランス」を見出すことが難しい。なぜなら，「殺傷方法の残酷さ」というのは極めて主観的であり，人の健康の被害と比べて悪性が理解しづらい。このような理由から貿易を制限することを認めると，あらゆる理由で貿易が制限されてしまう（保護主義的な貿易制限を抑制できない）との懸念も生ずる可能性がある。「食の安全」の意識の高まりは，このような抽象的な動物福祉の問題にも発展しうる。ちなみに，本件においては，道徳的な観点から輸入を禁止した EU の政策それ自体は正当と認められたが，輸入が例外的に認められたイヌイットによるアザラシ漁も殺傷が残酷に（商業ベースで）行われていたため，その点に関しては中立国に差別的であると認定された（ここで気づいた読者もいるかと思うが，この事件は先住民のアザラシ漁も関連した事例である）。なお，上記の討論用クエスチョンの(5)はこの事例を念頭に作成したものである。

### インドネシア鶏肉事件（DS484）

#### 2017年採択，申立国：ブラジル，被申立国：インドネシア

本件は，インドネシアによる鶏肉の輸入禁止が，宗教上の理由から認められるかが争点となった事例である。具体的には，イスラム教で認められる過程を経て製造された食品のみが流通を認められる，いわゆるハラール食品の問題である。最終的には，インドネシアの輸入禁止が，許容されるべき食品まで禁止する過剰な輸入規制であったため，正当とは認められないとして WTO 協定違反と判断されている。おそらく，宗教上の理由で特定の製品を輸入禁止するような行為は WTO のルール下でも認められると思われるが，実は「宗教上の基準」というのはあいまいなところもあり（これこそ科学で証明することは無理），保護主義を偽装した貿易とどのように区別するかという点は引き続き問題となることが予想される。

### 米国賭博サービス事件（DS285）

#### 2005年採択，申立国：アンティグア・バーブーダ，被申立国：米国

　本件は，アンティグア・バーブーダという小国が，米国を相手取ってWTO
の紛争解決手続に提訴した事件である。アンティグア・バーブーダは，イン
ターネットを通じた遠隔賭博サービスを行っていたところ，米国が，ネットを通
じた賭博は組織犯罪や未成年の賭博，ギャンブル依存症などにつながりやすく，
道徳上の問題を生むおそれがあるとして，その提供を禁じたことが契機であっ
た。つまり，賭博サービスの自由な提供と，賭博の悪影響から国民を守るため
の貿易制限的な政策の関係が問題となったのである。最終的に，米国によるサ
ービス提供の禁止自体は正当と認められたが，米国内提供者によるネット競馬
賭博に限ってサービス提供を認めていたことが差別的と認定されている。

### その他

　上記の事例以外にも，遺伝子組換え食品の承認の停止が問題となった事例や
（DS291・DS292・DS293），イルカを混獲していない漁法で捕獲されたマグロ製
品であることの証明に際しての差別的な待遇が争われた事例（DS381），アスベ
ストを含む製品の輸入禁止が問題となった事例（DS135）が存在する。

### 「自由貿易と食の安全」とSPS協定の関係

　これまで，食の安全の観点から貿易を制限することで発生した紛争について
は，SPS協定を中心に解決が図られてきたが，必ずしも，国際的に納得のゆ
く解決が常に実現されてきたかというと，そういうわけでもない。この問題は，
条約に規定されているからそれで良いという問題ではなく，絶えず，望ましい
規制を探ることが必要であろう。自由貿易の促進と食の安全の確保，という二
つの要素の難しいバランスをいかにとるか，今後も課題となり続けるであろう。

## 学習用文献

### ＜書籍＞

- 中川淳司『WTO：貿易自由化を超えて』（岩波書店，2013年）
- 小林友彦ほか『WTO・FTA 法入門』（法律文化社，2015年）
- 柳赫秀『講義　国際経済法』（東信堂，2018年）
- 中川淳司ほか『国際経済法』第3版（有斐閣，2019年）
- 松下満雄ほか『ケースブックWTO法』（有斐閣，2009年）

※第17章で取り上げた文献も参照いただきたい。

### 【注】

(1) 予防原則については，第12章（環境法）参照。

第17章

# 不公正貿易とその救済

## 【国際経済法】

　この章では，「国際経済法」に関するテーマの別の例として，「不公正貿易」とそれに対する「救済措置」の問題について検討する。国際貿易においては，時には輸出先の市場では廉価で販売するという「不公正」な行為が行われることがある。そのような「不公正貿易」に対して，現在の国際貿易ルールは「アンチダンピング税」を賦課することを認めている。社会人になって企業で働くようになると，自社製品を輸出したり，製品の原材料を輸入したりと，貿易に関わる機会が増えると思われるが，その際に，この「不公正」の概念，あるいはアンチダンピング税にどのように向き合っていくのか，この章で検討してみたい。

キーワード：WTO（世界貿易機関），アンチダンピング税，WTO
　　　　　　アンチダンピング協定

## 1　予習用資料

ダンピングとは？

「ダンピング」とは日本語では「不当廉売」と訳されることが多い。要するに，安売りを意味する。安売りそれ自体は良いことだが，利益を上げられないような安売りを行うと，その安売りに対抗できない企業は倒産に追い込まれる恐れがある。例えば，A 国で独占的な利益を上げている X 社が，B 国に製品を輸出した際に，A 国での独占利益をテコに B 国では利益の上がらない低価格で販売したとする。その価格に対抗できない B 国内のライバル企業は駆逐されることになり，そのあとに X 社は価格を引き上げて利益を得るということも，理屈としてはできてしまう。これは A 国で独占利潤をあげている X 社だからこそ実現できるのであり，B 国内でしか競争できない B 国の産業からすると「不公正」である（もっとも，この説明に納得がいくかは討論用クエスチョンを通じて考えていただきたい）。

　なお，国際貿易における「ダンピング」は単なる安売りを意味するのではなく，国内価格（正常な価額）と輸出価格に格差が生じている状態をいう。先の[1] X 社の例で言えば，自国の市場で製品を100という価格で販売している状況で，B 国では80で販売するような価格差が生じている場合を示す（図17-1）。

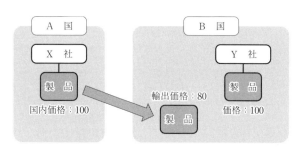

**図 17-1　ダンピングが発生している状態**

出典：筆者作成

　つまり，ここで問題とされるのは，母国のＡ国での100と，輸出先のＢ国の80に価格差が設けられている点である（以下では「ダンピング」とは，このような価格差を設ける行為を指す）。逆に言うと，Ｘ社がＡ国とＢ国の双方で，80で販売していれば，Ｂ国市場でのその製品の相場が100でも不問とされるのである。

## ダンピングの相殺としてのアンチダンピング税制度

　このダンピングに対してWTO（世界貿易機関，WTOそれ自体の詳しい解説は第16章参照）は，一定の条件を満たした場合に，輸入国がダンピングを調整する（具体的には「アンチダンピング税」を賦課する）ことを認める。上の例では，Ｂ国内での販売価格である80という価格をＡ国の国内での価格と同じにすればよいのであるから，100 − 80 ＝ 20が「ダンピングマージン」とされ，輸入される産品に（100 − 80)/80 ＝ 25％のアンチダンピング税が賦課されることになる。

　しかしながら，アンチダンピング税は，通常の関税と同じ効果を有するため，その本来の目的であるダンピングの防止（調整）という目的から逸脱して，単なる自国産業の保護のためのツールとして使われる（高関税をかけて輸入品の値上げを図る）危険性がある。このようなアンチダンピング税の濫用の防止に一役買うのが，WTO協定に設けられたアンチダンピング税の発動時の各条件である。

　条件の一つが，輸入国の国内産業への損害の発生である。ダンピング輸入が国内産業に損害を与えていることを明確に認定することは難しいものの，WTO協定はその指標の一つとして，輸入品が国内産品の価格を著しく押し下げるような場合を含める（廉価な輸入品に対抗するために国内産業も廉価にすることを迫られ，その結果，利益のあがらない価格で販売することによる損害を甘受しなければならなくなっているというロジックである）。なお，実際にはこれ以外に，ダンピングが疑われる製品の輸入量の絶対量の増加や，輸入後の市場のシェアの動き，輸入価格の状態や影響などの複数の指標を総合的に勘案して，損害の有無が決定されることになる。

　別の条件は，因果関係（不帰責規則）である。これは，国内の産業が損害を

受けている場合に，ダンピング輸入以外の要因で損害が生じているのにも拘わらず，その責任をダンピング輸入に帰することを禁止する考えである。例えば，国内の産業が（先の図17-1で言えばY社が），ある産品を作る際に革新的な技術が急速に採用され始めている状況下で，それに出遅れて競争力を落としている場合に，それをダンピング輸入による損害として含めてアンチダンピング税を賦課することは認められない。あくまでも，ダンピングによって損害を受けている場合でなければ，単なる外国産品に対する「はらいせ」でしかなくなってしまうのである。

　WTO協定はこのようなアンチダンピング税の発動要件を設けるのであるが──なお，これらアンチダンピング問題を主に扱うのがWTOのアンチダンピング協定と呼ばれる協定（正式名称は，「1994年の関税及び貿易に関する一般協定第6条の実施に関する協定」）である──国内産業の損害や，ダンピングの程度を認定するのは，輸入国の担当政府機関であるため，税の賦課に肯定的な認定を行う動機づけが強い状態は常に存在している。

　さて，このような背景事情があることを踏まえて，実際にこのダンピングをめぐってどのような事態が発生するか，「体験」してみよう。

## 2　討論用資料

### アルミ製品の輸出とダンピング疑惑

　「あなた」は，アルミ製品(2)を中心に扱う企業の海外事業部に所属しています。あなたの会社では，日本国外ではU国市場への輸出が主流で，会社全体の売り上げの40％分はU国市場から得ています。

　しかしながら，最近はU国の市場が少し不安定な状態にあります。具体的には，U国産の競合製品に価格の下落傾向が見られ，それらの企業の収益が減っているのです。U国の企業が収益を減らしていることは，あなたの会社

等が相対的に競争で勝っていることを意味するので，望ましいことではありますが，手放しに喜んでもいられません。なぜなら，Ｕ国のライバル企業が，あなたの会社をはじめとする日本の事業者が低価格で販売を行っていることが価格下落の原因になっていると，強く非難し始めているのです。

　そのような状況の中で，先日，Ｕ国の主だったアルミ業者が連名で，日本製のアルミ製品でダンピング輸入が行われているとして，Ｕ国のダンピング調査当局に調査を申請したのです。これは困ります。もしあなたの会社の製品も含めてダンピングが認定されてしまうと，アンチダンピング税が賦課されることになり，販売価格の高騰を招くことになってしまいます。Ｕ国の製品の価格が下落傾向にある中で，あなたの会社の製品が値上げすることになれば，売上の大幅な減少につながるおそれがあります。アンチダンピング税の賦課を阻止したいし，賦課されたとしても税率を最小限にとどめてもらいたいと思います。

　さて，どのように阻止することが考えられるのでしょうか？　まず，ポイントを整理すると……
- たしかに，あなたの会社をはじめとする日本の各社の製品は，日本国内よりもＵ国市場の方が低価格販売を行っているため，表面上はダンピングといえるかもしれない。しかし，このような価格差は以前より存在しており，最近始まったとは言いがたい。
- Ｕ国市場において，Ｕ国産及び日本産のアルミ製品，その他の国の原産の製品の市場シェアは以下のように推移している（表17-1）。

表17-1　アルミ製品の市場シェアの推移

（単位：％）

|  | 2018年 | 2019年 | 2020年 |
|---|---|---|---|
| Ｕ国産製品 | 60 | 65 | 50 |
| 日本産製品 | 25 | 20 | 25 |
| その他 | 15 | 15 | 25 |

- U国でアルミ製品の価格の下落が発生している背景には，U国産業で最大手のO社の生産管理に大きなミスが存在しており，広くアルミ製品の余剰が発生している。
- 価格下落の別の要因としては，第三国のP国でアルミ製品に関する新しい規制が導入された結果，U国の製品が予想以上に基準値をクリアすることができず，P国に輸出予定だった製品がU国の国内市場で流通する供給過剰が生じたこともある。
- U国市場での価格の推移は以下のとおりである（表17-2）。

表17-2　U国市場でのアルミ製品価格の推移

|  | 2018年 | 2019年 | 2020年 |
|---|---|---|---|
| U国産製品 | 2.36 | 2.28 | 1.82 |
| 日本産製品 | 1.82 | 1.77 | 1.71 |

　以上が現状となっていますが，今は，申請を受けたダンピング調査当局が手続を進めている最中にあります。さて，結果はどうなることやら……。

【この時点で，討論用クエスチョンの(1)～(3)に取り組むようにしてください。以下，討論用資料は続きますが，この先の文書は討論用クエスチョン(4)(5)向けとなっています】

### 鉄鋼業界の叫び

　ある日，「あなた」はQ社という鉄鋼製造業者の国際営業部のRさんにお会いすることになりました。そういえば，鉄鋼製品は長い間，このアンチダンピング税に苦しめられていました。食事をしながらRさんはアンチダンピング税に対する苦い思い出を語ってくれました。

　色々な話を聞けたのですが，なかでも印象的だったのが，現在のWTOのアンチダンピング協定の改正論議です。Rさんは，現在のWTOのアンチダン

ピング協定は規定の内容が曖昧や不十分であることが多く，輸入国側（アンチ
ダンピング税を賦課する側）の意向がより強く反映される内容となっていると考
えているようです。そして，業界としても，アンチダンピング税の規律内容を
厳しくするように協定を改正することを日本政府に働きかけているということ
だそうです。なるほど，実際にあなたの会社が直面している今のアンチダンピ
ング税調査もグレーなところが多い……。

　ところが，翌日，このような速報ニュースが飛び込んできました。
　「U国大統領，日本をはじめとする複数の国からの鉄鋼製品に対して関税を
　引き上げることを予告。理由は国家安全保障のため。」
　事の真相がわからないので，Rさんに前日の食事のお礼をかねて，電話で連
絡することにしてみました。すると，Rさんは「本来であれば，これはアンチ
ダンピング税の案件でもおかしくないが，調査に費用や時間がかかるのを嫌っ
た大統領が，簡便に対応できて（損害の認定を省ける），自由に設定が可能な関
税の単純引き上げに踏み切ったんだ」と困り果てた様子で話してくれました。

## 3　討論用クエスチョン

(1) まずは，「討論用資料」を具体的に検討する前に，アンチダンピング税
　　という制度そのものにあなたは賛成しますか？　それともこの制度に否
　　定的な印象を持ちますか？　それぞれ理由も説明してください。

(2) アルミ製品に対するU国のアンチダンピング税のWTOルールとの適
　　合性を，「予習用資料」に記載したアンチダンピング税の賦課条件に照
　　らして，整理してみよう。

(3) あなたは結論として，(a)U国のアンチダンピング税は認められると思
　　いますか？　また，(b)実際にU国はアンチダンピング税を賦課すると
　　思いますか？　理由もあわせて考えてみてください。

(4) あなたは，アンチダンピング税の規律内容を厳格化するという鉄鋼業界

の意見や日本政府への働きかけに賛同しますか？　それとも否定的な立場をとりますか？　その理由はどこにありますか？

(5) ところで，討論用資料の最後に，U国大統領は「国家の安全保障のため」に鉄鋼製品に関税を賦課しようとしていると書かれています。あなたは，これについてどのような印象を受けましたか？

> 【参考情報】
> 　現在，WTOの協定の一部である「関税及び貿易に関する一般協定」（GATT）には安全保障に関する規定（第21条）が存在しており，核分裂性物質等に関する措置，武器や軍需品等の取引に関する措置，戦時等の緊急時にとる措置が，自国の安全保障上の理由から必要とそのWTO加盟国が認める場合に許容されている。

## 4　解説・より深く

### 日本とアンチダンピング税

　本章ではアンチダンピング税という仕組みを取り上げているが，日本はこれまでどちらかと言うと，この制度の被害者的立場であった。表17-3は2018年6月時点で，日本の製品に対して賦課されているアンチダンピング税の状況を示している。表からもわかるように，中国と米国から賦課されている件数が多い。

　しかしながら，最近は，反対に日本がアンチダンピング税を賦課する例も増えつつある。表17-4は，2019年8月現在で経済産業省のウェブサイトに掲載されている日本のアンチダンピング調査事例一覧である。この表からは，ここ5年ほどの課税例が増えていることがわかる。これはつまり，日本もダンピング輸入による被害を受けるようになってきていること，あるいは，日本国内におけるダンピング税への認識が高まってきていることを示唆する。

表17-3 日本製品に対してアンチダンピング税を賦課している国と件数

| 中　国 | 18件 |
|---|---|
| 米　国 | 18件 |
| インド | 7件 |
| 韓　国 | 6件 |
| 豪　州 | 2件 |
| カナダ | 3件 |
| タ　イ | 2件 |
| ブラジル | 1件 |
| Ｅ　Ｕ | 1件 |
| メキシコ | 1件 |

出典：経済産業省通商政策局『2019年版不公正貿易報告書』に基づき筆者作成

表17-4 日本のアンチダンピング調査事例

| No. | 品　名 | 国　名 | 課税状況 | 課税期間 |
|---|---|---|---|---|
| A007.1 | 炭素鋼製突合せ溶接式継手 | 韓　国 | 課税中 | 2018/3/31〜2023/3/30 |
| A007.2 | | 中　国 | | |
| A006.1 | 高重合度ポリエチレンテレフタレート | 中　国 | 課税中 | 2017/12/28〜2022/12/27 |
| A005.1 | 水酸化カリウム | 韓　国 | 課税中 | 2016/8/9〜2021/8/8 |
| A005.2 | | 中　国 | | |
| A004.1 | トルエンジイソシアナート | 中　国 | 課税中 | 2015/4/25〜2020/4/24 |
| A003.1 | 電解二酸化マンガン | 中　国 | 課税中 | 2008/9/1〜2024/2/29 |
| A003.2 | | スペイン | 課税終了 | 2008/9/1〜2019/3/4 |
| A003.3 | | 南アフリカ共和国 | | |
| A003.4 | | 豪　州 | | 2008/9/1〜2019/8/31 |
| A002.1 | カットシート紙 | インドネシア | 課税無し | |
| A001.1 | ポリエステル短繊維 | 韓　国 | 課税終了 | 2002/7/26〜2012/6/28 |
| A001.2 | | 台　湾 | | |

出典：経済産業省ホームページ（章末の学習用文献参照）より筆者作成

### アンチダンピング税と WTO 紛争解決制度

　アンチダンピング税を賦課された場合に，その内容に不満がある場合には，第16章で学んだ WTO の紛争解決制度を用いることが可能である。実際，日本が諸外国のアンチダンピング税実務を提訴した例は2019年8月現在で7件存在する。

　このうち，注目される判断が示された事件が，米国ゼロイング（日本）事件（DS322）である。本件では，米国がアンチダンピング税の前提となるマージンの認定の際に，マイナスマージンが発生するもの（国内価格＜輸出価格）については算定の対象から外すという方法（ゼロイング）が，全般的に WTO のアンチダンピング協定に違反すると認定された。そのため，当該事例（及び関連事例）は，ダンピングマージンを過大に算定する方法を抑える可能性を広げることになったと評価できる（ただし，その後もゼロイングは争点となっている）。なお，7件のうち，4件は米国との間の紛争で，最新の3件についてはそれぞれ，対中国の紛争が1件，対韓国の紛争が2件となっている。

### これからのアンチダンピング税

　現在の WTO におけるアンチダンピング税の仕組みについては，それ自体に否定的な意見も強いが，実際には協定で明確に認められているのも事実である（つまり賛同する立場も強い）。それらの立場の背景には様々な見解が存在しており，どれも正しい意見とも言える。いずれにせよ現行の制度は完全ではないため，ルールをより精密なものとする動きは見られるものの，各国の意見の対立を解消することは難しく，WTO でのルール改正はなかなか実現されない状況にある。

　日本も，WTO だけではなく，自由貿易協定（FTA）などを通じて，新しいダンピング税のあり方を再検討する時期にあり，幅広い議論が喚起されることが求められている。よって，読者諸君には，WTO における既存の考えにとらわれない自由な発想に基づいてこの問題を検討してもらいたい。

## 学習用文献（第16章で取り上げた文献に加えて）

### ＜書籍＞

- 松下満雄・米谷三以『国際経済法』（東京大学出版会，2015年）
- Peter Van den Bossche and Werner Zdouc, "The Law and Policy of the World Trade Organization: Text, Cases and Materials, 4th Ed.", （Cambridge University Press, 2017）

### ＜政府報告書＞

- 経済産業省通商政策局『不公正貿易報告書』（年度毎に発行）

### ＜ウェブサイト＞

- 経済産業省「安値輸入品という経営課題に AD という選択」（https://www.meti.go.jp/policy/external_economy/trade_control/boekikanri/trade-remedy/）

### 【注】

(1) 国内での「不当廉売」の問題については，第13章（経済法）参照。
(2) アルミ製品は，アルミ缶やアルミ箔，建築等用の形材等，様々な形で用いられるが，ここでは「アルミ製品」と抽象的にとらえる。

# お わ り に

　法学に関する入門書がすでに数多く存在する中で，特徴ある書籍を作り出すということが本書の命題であったと思われる。独自性を求めすぎて「法を学ぶ」という本質から逸れてはならないという線引きを設けつつも，本書では，「体験する」ための討論用資料を設けたこと，予習用資料として事前に勉強する範囲を明示したこと，討論用に質問を可能な限り多く用意し，議論を促すように工夫したことなどが，到達点として実現することができた。

　本書は，実際の講義での利用による成果を踏まえて，今後もより良い内容となることが期待される。そのためには，より多くの読者の意見を踏まえて柔軟に対応することが必要であろう。本書作成に際しても，実際に講義で利用したものに基づき書き上げた執筆者も少なくない。すべての協力者を記載することは叶わないが，協力してくださった多くの方々にも感謝の意を表したい。

　最後に，編者のわがままに辛抱強くお付き合い頂き，本書を陰ながらサポートして頂いたミネルヴァ書房の中川勇士氏にも厚く御礼申し上げたい。同氏の情熱が本書の原点である。本書が，多くの読者が法学を「体験」し，より真剣に法について考えるきっかけとなってくれれば幸いである。


　2019年11月

関根豪政・北村貴

# 索　引

執筆者紹介 (所属，執筆分担，執筆順，＊は編著者)

＊関 根 豪 政（名古屋商科大学経営大学院教授，はじめに，第16章，第17章，おわりに）

＊北 村　貴（名古屋商科大学経営大学院准教授，はじめに，第2章，第3章，おわりに）

長 畑 周 史（横浜市立大学国際商学部准教授，第1章）

大 澤 正 俊（横浜市立大学国際商学部教授，第4章，第5章）

漆 畑 貴 久（大阪経済法科大学法学部客員准教授，第6章，第7章）

陳　　　宇（名古屋商科大学経済学部准教授，第8章，第9章）

渡 邊　互（名城大学法学部教授，第10章）

神 吉 知 郁 子（東京大学大学院法学政治学研究科准教授，第11章）

小 島　恵（都留文科大学教養学部准教授，第12章）

岡 田 直 己（青山学院大学法学部准教授，第13章）

諏 訪 野 大（近畿大学法学部教授，第14章）

小 松 﨑 利 明（天理大学国際学部准教授，第15章）

《編著者紹介》

関根豪政（せきね・たけまさ）

慶應義塾大学大学院法学研究科公法学専攻後期博士課程修了。

博士（法学）慶應義塾大学。

現　在　名古屋商科大学経営大学院教授。

主　著　『国際貿易紛争処理の法的課題』（共編著）信山社，2019年。

『変わりゆくEU』（共著）明石書店，2020年。

The China-Australia Free Trade Agreement: A 21st-Century Model, (multi-authored), Hart Publishing, 2017

北村　貴（きたむら・たかし）

早稲田大学大学院公共経営研究科博士後期課程修了。

博士（公共経営）早稲田大学。

現　在　名古屋商科大学経営大学院准教授。

主　著　『憲法学事始　第2版』（共著）一学舎，2017年。

「憲法硬性度は憲法改正に影響を与えるか——憲法制度と憲法政策の総合研究」『法政治研究』第4号，関西法政治研究会，2018年。

「オーストリア憲法の基本原理——法秩序における位置付けと本質的要素」『比較憲法学研究』第31号，比較憲法学会，2019年。

体験する法学

| 2020年3月31日　初版第1刷発行 | 〈検印省略〉 |
| 2020年12月10日　初版第2刷発行 | |

定価はカバーに
表示しています

編　著　者　　　関　根　豪　政
　　　　　　　　北　村　　　貴

発　行　者　　　杉　田　啓　三

印　刷　者　　　江　戸　孝　典

発行所　株式会社　ミネルヴァ書房

607-8494　京都市山科区日ノ岡堤谷町1
電話代表　075-581-5191
振替口座　01020-0-8076

© 関根・北村ほか，2020　　　　共同印刷工業・清水製本

ISBN978-4-623-08817-1

Printed in Japan

よくわかる憲法〔第2版〕　　　　　　　B5判　240頁
　工藤達朗 編　　　　　　　　　　　　本　体 2600円

よくわかる家族法　　　　　　　　　　B5判　236頁
　本澤巳代子／大杉麻美／髙橋大輔／付　月 著　本　体 2500円

よくわかる刑法〔第3版〕　　　　　　　B5判　240頁
　井田　良／佐藤拓磨 編著　　　　　　本　体 2600円

よくわかる刑事政策　　　　　　　　　B5判　232頁
　藤本哲也 著　　　　　　　　　　　　本　体 2500円

よくわかる会社法〔第3版〕　　　　　　B5判　248頁
　永井和之 編著　　　　　　　　　　　本　体 2500円

よくわかる地方自治法　　　　　　　　B5判　192頁
　橋本基弘／吉野夏己／土田伸也／三谷　晋／倉澤生雄 著　本　体 2500円

よくわかる労働法〔第3版〕　　　　　　B5判　220頁
　小畑史子 著　　　　　　　　　　　　本　体 2800円

よくわかる国際法〔第2版〕　　　　　　B5判　240頁
　大森正仁 編著　　　　　　　　　　　本　体 2800円

持続可能な開発目標とは何か　　　　　A5判　324頁
　蟹江憲史 編著　　　　　　　　　　　本　体 3500円

──────────── ミネルヴァ書房 ────────────
https://www.minervashobo.co.jp/